10대와 통하는

민주화운동가 이야기

10대와 통하는 민주화운동가 이야기

제1판 제1쇄 발행일 2015년 8월 15일
제1판 제3쇄 발행일 2019년 10월 3일

글 | 김삼웅
편집 | 책도둑(박정훈, 박정식, 김민호)
디자인 | 이안디자인
펴낸이 | 김은지
펴낸곳 | 철수와영희
등록번호 | 제319-2005-42호
주소 | 서울시 마포구 월드컵로 65, 302호 (망원동, 양경회관)
전화 | (02)332-0815
팩스 | (02)6091-0815
전자우편 | chulsu815@hanmail.net

사진 및 글 제공 | 국제엠네스티, 민주화운동기념사업회(경향신문사, 박용수), 박종철기념사업회, 이한열기념사업회, 장공기념사업회, 전태일재단

ISBN 978-89-93463-80-4 43910

철수와영희 출판사는 '어린이' 철수와 영희, '어른' 철수와 영희에게 도움 되는 책을 펴내기 위해 노력하고 있습니다.

10대와 통하는

민주화운동가 이야기

글 | 김삼웅

철수와영희

독재와 맞서 싸운 한국 현대사

(1)

사람이 사는 삶의 방식에는 크게 두 가지가 있습니다. 하나는 자신에게 주어진 시간 안에서 일상적으로 사는 경우이고, 다른 하나는 시간을 넘어서 공적으로 사는 경우입니다. 앞의 경우가 현세적인 삶이라면, 뒤의 경우는 역사적인 삶이라 할 것입니다.

인간은 삶이라는 일정하게 주어진 시간과 공간에서 살다가 한 세상을 마치게 됩니다. 하지만 그런 중에도 현실의 터전에 발을 딛고서도 역사를 의식하며 의롭게 사는 남다른 사람들이 있어요.

이들은 정의, 양심, 진리, 자유, 인권, 평등, 민족, 국가, 인류 등의 가치관을 갖고 사는 사람들입니다. 보통사람들이 사리사욕이나 입신출세 등 세속적인 욕망을 위해 살아갈 때, 이들은 정의나 대의를 위해 싸우거나 심지어 목숨까지 바칩니다.

일제 강점기에는 조국의 독립을 위하여 분연히 일어섰던 의병과 독립운동가들이 있었고, 해방 후에는 독재 정권을 물리치고 민주주의를 지키고자 떨쳐 일어났던 민주 인사·열사들이 있었습니다. 역사를 의식하며, 역사 속에서 사신 분들이지요.

이 분들은 자신이나 가족보다 사회와 국가를 위하여 많은 것을 바쳤습니다. 심지어 생명까지도 바쳤어요. 우리는 이분들의 노력과 희생으로 독립을 쟁취했고, 지금 이 정도나마 민주주의를 지킬 수 있었습니다.

저는 2014년에 『10대와 통하는 독립운동가 이야기』란 책에서 대표적인 독립운동가 19인을 골라 생애와 업적을 정리한 바 있습니다.

이 책에서는 해방 이후 지난 70년 동안 우리나라의 민주주의를 지키고 발전시키는 데 앞장선 20인을 골랐습니다. 쉽지 않은 작업이었어요. 수많은 민주 인사 중에서 20인을 선정한다는 것은 여간 어려운 일이 아니었습니다.

이승만 독재 12년, 박정희·전두환·노태우로 이어지는 군부 독재 30년 동안 우리나라는 반독재 민주화 투쟁의 과정에서 많은 사람이 분신, 투신, 고문사, 의문사, 옥고, 실종 등을 당하였기 때문입니다. 굳이 선정 기준을 든다면 민주주의에 대한 확고한 신념과 철학을 갖고, 용기 있게 지속적으로 투쟁하고, 그 결과 민주주의 회복과 발전에 크게 기여한 인물을 골랐습니다. 다만 윤보선·김영삼·김대중·노무현 등 4명의 전직 대통령은 너무 많이 알려져 있고, 국가원수를 지낸 까닭에 제외하였습니다.

그리고 변절자와 생존자는 제외하였어요. 옛말에 "그 사람을 평가하려면 관 뚜껑을 덮은 후에 하라."라는 말이 있지요. 한때 민주화운동을 했다가도 뒷날 독재·부패 정권에 참여하기라도 하면, 평가를 바꾸어야 하기 때문입니다.

(2)

우리나라는 1945년 8월 15일 일제 식민지로부터 해방이 되었지요. 그러나 곧바로 자주 독립 국가를 세우지 못하고 남북 분단이라는 민족적 비극을 겪습니다. 남한은 미군정 3년을 지내고, 1948년 대한민국 정부가 수립되면서 민주공화제를 채택했어요. '주권 재민'과 '3권 분립'을 원칙으로 하는 민주주의 정치 제도를 택한 것입니다.

그러나 초대 대통령 이승만은 국가의 기본법인 헌법을 마구 짓밟으면서 장기 집권을 획책하고, 부정 선거를 통해 권력을 유지했어요. 국가 안보나 국민 경제는 뒷전이었고, 자신의 권력 유지를 위해 민주 헌정을 유린하고, 1960년 3·15 부정 선거를 자행합니다.

그 과정에서 학생과 야당, 민주 인사들이 힘겨운 투쟁을 전개합니다. 마침내 학생들이 궐기하고 시민들이 합세하여 4·19 민주 혁명이 일어났지요. 이 과정에서 많은 사람이 희생되기는 했지만, 4월 혁명으로 민주주의가 되살아나고 공명한 선거를 통해 장면 정부가 수립되었어요.

하지만 1961년 5월 16일 박정희를 중심으로 하는 일부 군인들이 쿠데타를 일으켜 장면 정부를 전복하고 군사 정권을 세웠지요. 다시 민주주의가 뿌리채 유린되었습니다.

박정희와 정치군인들은 민간인들에게 정권을 이양하겠다는 약속을 어기고 정치에 참여했어요. 그리고 1969년에는 3선 개헌을 강행하면서 장기 집권을 획책하지요. 이승만이 걸었던 그 길을 걷게 된 것입니다.

하지만 박정희는 여기에 그치지 않았어요. 1972년 10월 17일에는 이른바 '10월 유신'을 감행하면서 또 다시 헌정 질서를 짓밟고 자신의 영구 집권을 기도합니다. 유신 체제는 임기 6년의 대통령을 간선제로 뽑도록 하였어요. 또 대통령이 국회의원의 3분의 1을 임명하게 하였을 뿐만 아니라, 긴급조치권을 부여하여 대통령이 초법적인 권한을 행사하도록 하였지요. 사실상 입법·사법·행정의 3권을 대통령 한 사람에게 준 것입니다.

박정희는 1974년 1월 8일 일체의 헌법 개정 논의를 금지시키는 내용의 긴급조치 제1호를 시작으로 하여, 1975년 5월 13일 선포한 긴급조치 제9호에 이르기까지 이른바 '긴급조치 시대'를 통해 민주주의를 짓밟고 국민을 탄압했습니다. 특히 긴급조치 제9호는 박정희가 암살당할 때까지 장장 4년여 동안 계속되면서 이에 저항하는 민주 인사·학생·노동자 등 800여 명의 구속자를 낳아 '전 국토의 감옥화', '전 국민의 죄수화'라는 유행어를 만들어냈어요.

1979년 10월 26일 중앙정보부장 김재규가 '민주주의 회복'을 명분으로 박정희를 암살하면서, 유신 정권이 무너졌어요. 그토록 바라던 민주주의가 드디어 회복되는 듯 했지요.

하지만 전두환 일당은 1979년 12월 12일 군사 쿠데타를 통해 군권을 장악한 후, 1980년 5월 17일 비상계엄을 전국으로 확대하며 정당 및 정치 활동 금지·국회 폐쇄 등의 조치를 취하는 쿠데타를 일으켜 광주 학살을 자행했습니다. 이후 다수의 민주 인사와 학생 운동 지도자들을 구속한 후 정권을 찬탈합니다.

그러나 학생들과 민주 인사들은 전두환 독재에도 굴하지 않고 격렬하게 저항했어요. 이 과정에서 많은 사람들이 희생되었어요.

1987년의 6월 항쟁으로 전두환 정권이 퇴장하게 되었습니다. 하지만 이어서 쿠데타의 주역 중 하나인 노태우가 대통령이 되면서 또다시 공안 통치가 시작되었습니다. 이에 대해 많은 학생과 민주 인사들이 저항에 나섰어요. 더러는 분신, 투신, 자결 등 사신의 생명을 내걸고 독재 권력과 싸웠습니다. 많은 사람들이 투옥, 고문, 의문사, 제적, 직장 추방 등의 고통을 겪었어요.

(3)

우리나라의 민주주의는 피를 먹고 자랐습니다. 많은 분들의 희생 덕분에 지금 이 정도의 민주주의도 가능하게 된 것입니다.

하지만 민주주의라는 나무는 우리의 생각과는 달리 그리 튼튼한 나무가 아닙니다. 다 자랐다고 생각해서 조금만 신경을 쓰지 않으면 어느새 벌레 먹고, 금세 시드는 것이 민주주의라는 나무입니다. 온 국민이 두 눈을 부릅뜨고 지키지 않으면 민주주의는 언제든지 상처입거나 역류하게 됩니다.

마지막으로 한 마디 덧붙이고자 합니다. 민주주의에는 일체의 관사나 형용사가 필요하지 않습니다. 자유민주주의, 인민민주주의, 민족적 민주주의, 행정적 민주주의, 한국적 민주주의, 아시아적 민주주의 등 독재자들은 국민을 속이기 위해 민주주의를 변용 또는 위장해 왔습니다. 하지만 진정한 데모크라시는 그냥 '민주주의'일 뿐입니다.

우리나라의 민주주의를 회복하고 신장시키고자 반독재 민주 전선에서 희생된 수많은 분 중에서 20인을 골라 책을 내려니, 빠진 분들에 대한 부담이 적지 않습니다. 앞으로 이 책에서 미처 다루지 못한 분들을 소개할 수 있는 기회가 있기를 바랄 뿐입니다.

이 책이 앞으로 우리나라 민주주의를 지키고 발전시키는 역군이 되어야 할 청소년 여러분에게 다소나마 도움이 된다면 지은이로서 큰 보람이겠습니다.

해방 70주년의 해 여름

김삼웅

차례

1부. 곧은 펜으로 민주주의를 지키다

싸우는 평화주의자 함석헌

'평안도 상놈'으로 태어나다

함석헌의 생애는 곧 한국의 현대사요, 그의 철학은 한국의 철학사요, 그의 저항 운동은 반독재 민권 운동사입니다. 그만큼 폭넓은 지식과 학문을 두루 갖춘 사람을 찾기는 쉽지 않을 것입니다. 종교·역사·철학·사상·언론·교육·평화·민중·인권·여성·비폭력·무저항·세계사 등에서 전문가 이상의 식견을 갖고, 이것을 통찰하는 거대한 지식 체계·학문 체계를 갖췄습니다.

하지만 함석헌은 학자도 아니고, 전문가도 아니고, 교사나 직업 언론인도 아니었습니다. 그렇다고 명상가나 종교 지도자는 더욱 아니었지요. 그는 이 모든 것이었고, 무엇보다 행동하고 실천하는 지식인, '싸우는 평화주의자'였어요.

함석헌은 1901년 3월 13일 평안북도 용천군 부라면 원성동에서 아버지 함형택과 어머니 김형도 사이에서 5남매 중 둘째로 태어났습니다. 위로 누이 한 명이 있고, 아래로 남동생 둘과 여동생이 있었답니다. 위로 두 형제가 더 있었지만 태어나자마자 죽었지요.

부모는 물론 윗대에도 벼슬한 사람이 없어서, 함석헌의 표현대로 '평안도 상놈'이었지요. 그의 아버지는 평범한 소작농이었으나 그림을 잘 그리고 손재주가 좋았답니다. 20세 무렵까지 서당에 다니고 청년이 되어서는 스스로 한의술을 공부하여 인근의 마을 주민들을 치료해 주었어요. 그렇게 해서 모은 돈으로 마을에 교회와 학교를 세웠답니다. 어머니는 50세가 넘어서 한글을 배우고 성경을 공부할 만큼 정신력이 강한 분이었지요.

함석헌이 4세 때인 1904년 2월 러일전쟁이 발발합니다. 그는 자신의 집 사랑채에 많은 일본군이 머무는 것을 지켜보면서 성장했지요. 커서는 어른들로부터 그때 일본군이 저지른 행패에 관한 이야기를 들었다고 합니다.

함석헌은 머리가 총명하여 6세 때에 큰 누이가 공부하는 곁에서 천자문을 익혀서, 마을에 소문이 났다고 합니다.

그는 어려서 서당에 다니다가 서당이 기독교계 덕일소학교로 바뀌면서 신식 공부를 하게 되었어요. 이 학교는 집안 아저씨뻘 되는 함일형이 세웠지요. 덕일소학교는 서당과는 달리 역사·지리 등을 가르쳤습니다.

함석헌은 일찍 개화된 함일형으로부터 큰 영향을 받으며 성장합니다. 함일형의 영향으로 민족의식을 깨우치게 되고 차츰 항일 감정이 생기게 되었지요.

함석헌은 1914년 덕일소학교 4년을 졸업하고, 양시공립보통학교 4학년에 편입하였어요. 5학년 편입이 가능했으나 일본어 공부를 하지 않았다는 이유로 한 학년이 늦춰진 것입니다.

성서를 연구하며 일제에 저항하다

양시공립보통학교를 졸업한 함석헌은 1916년 4월 관립 평양고등보통학교(평고)에 입학합니다. 평고를 다니던 1919년 3·1 혁명이 일어났어요. 그의 나이 19세 때입니다.

평양에서 일어난 만세 시위에 가담했던 함석헌은 평고에서 퇴학을 당하고 소학교 교사 등을 지내다가 1921년 목사가 된 친척 함석규의 주선으로 평안북도 정주에 있는 오산학교 3학년에 편입했어요. 오산학교는 남강 이승훈 등이 세운 민족주의 학교였지요. 여기서 함석헌은 평생의 신앙 동지인 유영모, 김교신 등을 만나게 됩니다.

오산학교를 졸업한 함석헌은 1923년 일본으로 건너가 동경고등사범학교 문과에 입학합니다. 그리고 간토 대지진이 일어난 후 일본인들이 한국인들을 무차별 학살하는 만행을 겪어야 했지요. 그는 여기서 구사일생으로 살아났습니다.

1925년 함석헌은 일본의 사상가 우치무라 간조의 문하생들과 조선성서연구회를 결성합니다. 또 1927년 7월에는 김교신, 송두용, 정상훈 등과 〈성서조선〉을 창간하지요. 성서를 연구하면서 민족 해방의 꿈을 실현하자는 목적에서였습니다.

함석헌은 1928년 3월 동경고등사범학교를 졸업하고 귀국하여 모교인 오산학교에서 역사를 가르칩니다. 그리고 일본에서 창간한 〈성서조선〉에 「성서적 입장에서 본 조선역사」를 연재합니다. 이 글은 해방 후 같은 이름의 단행본으로 출간되었고, 1961년 다시 수정을 거쳐 『뜻으로 본 한국역사』로 재간행됩니다. 이 책은 큰 반향을 일으켰고, 해방 후 명저의 하나로 꼽힙니다.

오산학교 교사를 그만둔 함석헌은 2년간 오산에서 과수원을 경영합니다. 그는 1940년 8월 계우회 사건으로 평양 대동경찰서에 1년 동안 갇히게 되었어요. 독립운동 관계였지요. 그리고 1942년 5월에는 일제로부터 고통받는 우리 민족을 상징하는 글을 실었다는 이유로 잡지가 폐간되고 전국의 독자 300여 명이 검거된 〈성서조선〉 사건으로 다시 검거됩니다. 서대문형무소에서 미결수로 1년간 복역하고 나온 함석헌은 고향에서 농사를 짓다가 8·15 해방을 맞습니다.

함석헌은 일제에 협력하지 않고 두 차례나 투옥되는 등 항일지사로 인정되어서 평북자치위원회 문교부장에 추대되었어요. 그러나 1945년 11월 소련군과 공산당의 정책에 반기를 든 신의주 학생 사건이 일어나자 배후 조정자로 몰려 소련군 사령부에 체포된 후 50일간 구금을 당합니다. 그리고 1946년 12월에는 오산학교 반정부 전단 살포 사건의 배후 인물로 지목되어 1개월의 옥고를 치릅니다.

간신히 풀려난 함석헌은 1947년 3월 남한으로 내려왔어요. 서울에서 자리 잡은 그는 장준하가 발행하는 〈사상계〉 등에 글을 씁니다. 그의 글은 발표될 때마다 사회적으로 큰 반향을 일으켰습니다.

북한에서 공산당 독재가 싫어서 월남한 함석헌은 남한에서도 이승만 대통령이 극심한 독재를 일삼자 참을 수가 없었습니다. 그래서 독재를 비판하는 매서운 논조의 글을 자주 썼지요. 결국 그는 〈사상계〉 1958년 8월호에 쓴 「생각하는 백성이라야 산다」라는 글이 이승만 대통령을 비판했다는 등의 이유로 구속돼 서대문형무소에서 20일간 구류를 살았어요. 그러나 함석헌은 권력의 탄압을 받으면서도 독재 정권에 대한 비판을 멈추지 않았답니다.

군사 쿠데타를 거침없이 비판하다

1961년 5·16 쿠데타가 일어났지요. 계엄령이 선포되면서 언론인·학자 할 것 없이 모두들 몸을 사릴 때, 함석헌은 〈사상계〉에 「5·16을 어떻게 볼까」라는 글을 씁니다. 이번에는 구속되지 않았으나 〈사상계〉의 장준하 발행인이 연행되는 등 핍박을 받게 되었어요. 그의 글은 쿠데타로 막혔던 언로의 숨통을 틔었습니다.

한일협정 비준 반대 비상국민대회에서 강연을 마친 함석헌(맨 앞줄 가운데)과 그를 보호하는 사람들의 모습. ⓒ 경향신문사

함석헌은 계속하여 줄기차게 군부 독재를 비판하는 글을 쓰고, 강연을 하는 등 민중의 대변자가 되었습니다. 〈사상계〉가 폐간되자, 1970년 4월에는 직접 〈씨알의 소리〉라는 잡지를 창간하여 반독재 민주화의 필봉을 날렸어요. 또 박정희 정권이 두 달 만에 이 잡지를 폐간하자 법정 소송 끝에 승소하였습니다. 〈씨알의 소리〉는 박정희 시대에 모든 언론이 통제되고 언론인들이 제 목소리를 내지 못할 때 거의 유일하게 살아 있는 언론이었습니다.

하지만 함석헌은 글이나 쓰고 잡지를 내는 문인은 아니었어요. 불의한 권력에 온몸을 던져 저항하는 '행동하는 지성'이었지요. 박정희는 1969년 3선 개헌을 강행하고, 1971년 제7대 대통령 선거에 출마했어요. 함석헌은 김재준, 이병린 등과 '민주수호국민협의회'를 조직하여 박정희의 장기 집권을 저지하고, 민주주의를 지키기 위해 노력했어요. 이어서 유신이 선포되자 장준하와 함께 반 유신 투쟁의 선봉에 섭니다.

1973년 11월 5일 함석헌은 유신 체제를 반대하는 시국 선언을 발표하고, 삭발 단식에 들어가 지식인·학생들의 동조 단식을 이끌어냈습니다. 그리고 1974년 11월 27일에는 윤보선, 김대중 등 재야 인사들과 '민주회복국민회의'를 조직하여 반 유신 투쟁의 거점을 마련하였어요. 또 민주화와 민주 언론 운동의 동지 장준하가 의문사를 당하자 이의 진상 규명을 위해 헌신합니다. 이런 과정에서 기관원들에게 연행·연금을 당한 것이 수십 차례였어요. 그래도 그는 굽히지 않았습니다.

재야 민주 인사들은 1976년 3월 1일 「3·1 구국 선언」을 발표하고, 박정희 대통령에게 긴급조치 해제와 구속 인사 석방, 유신 헌법 개정 등을 요구했습니다. 그러나 정부는 이것을 정부 전복 음모 사건으로 몰아 관계자를 구속하고 재판에 넘겼습니다. 함석헌은 노령이라 불구속 상태로 재판을 받습니다. 재판에서 징역 8년, 자격 정지 8년이 선고되자 함석헌은 항소합니다. 항소심은 징역 5년, 자격 정지 5년을 선고하지요.

함석헌은 이러한 탄압에 조금도 굴하지 않고 반독재 투쟁을 계속합니다. 1970년대 이른바 긴급조치 시대에 재야 민주 인사들의 반 유신 저항운동에 함석헌은 빠지지 않았습니다. 흰머리와 흰 수염에 흰 두루마기를 입은 그는 이미 70대의 고령인데도 시위에는 맨 앞장, 서명에도 맨 앞줄에 선 민주화운동의 상징이었어요.

박정희에 이어 전두환 정권도 비판

박정희가 1979년 10월 26일 암살된 후 한국에는 한때 '서울의 봄'이 오는 듯 했습니다. 그러나 유신 세력은 정권 연장을 위해 유신 헌법에 의한 대통령 선거를 획책하지요. 함석헌과 재야 민주 인사들은 이를 용납하지 않고, 1979년 11월 24일 '통일주체국민회의 대통령 선출 저지 국민대회'를 개최했어요. 이와 관련 그는 계엄사령부에 연행되어 15일 동안 갇히게 되었지요. 보통군법회의에서 1년 형을 선고받았으나 형 확정 확인 과정에서 면제 처분을 받게 됩니다.

전두환 일당이 1980년 5월 17일 군사 쿠데타를 일으켜 정권을 찬탈했어요. 함석헌은 제주도 강연회에 갔다가 서울로 끌려왔고, 〈씨올의 소리〉는 일방적으로 폐간 당합니다. 전두환 정권은 박정희의 유신 체제에 못지않은 폭압 정권이었지요.

전두환 정권은 재야 민주 인사들과 민주 언론인들을 구속하고 비판적인 잡지를 폐간했어요. 또 언론 기관의 통폐합으로 양심적인 언론(인)이 설 자리를 박탈했습니다. 함석헌을 비롯하여 민주 인사들은 설 곳이 없었고, 말을 하고 글을 쓸 언로(言路)를 빼앗겼지요.

그러나 함석헌은 끝까지 좌절하거나 굴복하지 않았습니다. 민주 인사·노동자·학생들을 찾아가 민주 회복을 역설하고, 바른 언론의 길을 뚫고자 노력했어요. 마침내 1987년 6월 항쟁이 시작되고, 포악했던 전두환 독재 권력은 '6·29 선언'을 통해 꼬리를 내렸습니다.

바로 그날, 6월 29일 함석헌은 거듭된 투옥·연금 등으로 심신이 피로해지면서 서울대학교 병원에 입원하고, 수술을 받습니다. 이후 퇴원과 입원을 반복하다가 1989년 2월 4일 89세를 일기로 삶의 마침표를 찍었어요.

함석헌의 유해는 경기도 연천군 전곡읍 간파리 마차산 자락에 안장되었다가, 2006년 10월 대전 국립 현충원으로 이장되었지요. 대한민국 정부는 2002년 8월 15일 함석헌을 독립유공자로 선정하여 '대한민국 건국포장'을 추서했습니다.

대가 없는 저항, '씨올'을 위하는 길

함석헌은 한국 현대사에서 일제와 소련군, 이승만·박정희·전두환 정권으로부터 옥고를 치루고 고난을 받은 유일한 인물입니다. 20세기가 시작되는 1901년에 태어나 1989년에 사망할 때까지, 그의 생애는 온통 저항과 고난으로 일관하였습니다. 그의 능력이나 성실성으로 보아 얼마든지 편히 살 수 있었는데도, 그는 고난의 길을 택했지요.

함석헌의 저항은 민족의 독립과 민주주의, 평화 통일을 위한 것이었고, 수단은 비폭력 무저항의 방법이었어요. 그의 삶은 이 땅의 주인인 민중(씨올)의 인간다운 삶을 위한 투쟁의 길이었고, 그 과정에서 숱한 탄압과 고난이 따랐지만 개의치 않았지요.

함석헌은 그가 쓴 『뜻으로 본 한국역사』를 통해 단재 신채호와 백암 박은식의 민족사관에 비견되는 독특한 '씨올사관'을 제시하였고, 그가 필생의 사업으로 발간한 〈씨올의 소리〉는 일반 민중들이 쉽게 읽을 수 있도록 구어체 문장과 문체를 써서 외래어에 오염되고 찌든 우리말과 글을 복원했습니다.

함석헌은 아무런 대가도, 어떠한 감투도 탐하지 않는, 보상 없는 삶을 살았습니다. 그러면서 맨정신으로 씨올의 신음 소리를 듣고 세상의 시름을 대신 앓았습니다. 질곡의 20세기에 한국의 씨올들은 함석헌이 있어서 그토록 힘겨운 세월에서도 정신적인 위로를 받고 용기를 얻을 수 있었지요.

함석헌은 고난의 생애를 통하여 한국의 고유한 풍류 사상, 인도 간디의 비폭력 무저항 정신, 무강권 무지배의 아나키즘, 헨리 데이비드 소로의 자연주의, 청교도적인 퀘이커주의 등을 융합하여 자신의 '씨올사상'을 창안하고, 이를 실천하면서 살았습니다.

그는 '씨올'이란 용어를 다음과 같이 설명합니다.

씨울이란 말은 씨라는 말과 알이란 말을 한데 붙인 것입니다. 보통으로 하면 종자라는 뜻입니다. 종자는 물론 한문자의 종자(種子)에서 온 것입니다. 순전한 우리말로 하면 씨앗 혹은 씨갓입니다.

아마 원래는 씨올인 것이 ㄹ이 ㅅ으로 변해서 씨앗이 되고 또 '아' 줄과 '가' 줄이 서로 통하는 수도 있기 때문에 씨갓으로도 됐는지 모릅니다.

어쨌건 종자라는 말인데 여기서는 그것을 빌어서 민(民)의 뜻으로 쓴 것입니다. 보통은 없는 것을 새로 지어낸 말입니다. 지금은 민의 시대여서 우리는 늘 민이란 말을 쓰는 경우가 많습니다. 국민·인민·민족·평민·민권·민생 …… 그런데 거기 맞는 우리말이 없습니다. 국(國)은 나라라 하면 되고 인(人)은 사람이라 하면 되지만 민(民)은 뭐라 할까? 백성이라 할 수도 있지만 그것은 백성(百姓)의 음뿐이지 순수한 우리말이 아닙니다. 그래서 민이란 말을 우리말로 씨올이라 하면 어떠냐 하는 말입니다. 이것은 사실 내가 생각해 낸 것이 아니고 유영모 선생님이 먼저 하신 것입니다.

서울 종로구 대학로에는 함석헌이 1947년에 쓴 「그 사람을 가졌는가」라는 시비가 있습니다. 좋은 벗을 사귀라는 내용입니다. 일부 내용을 소개합니다.

만리길 나서는 날
처자를 내맡기며
맘 놓고 갈 만한 사람
그 사람을 그대는 가졌는가
……

탔던 배 꺼지는 시간
구명대 서로 사양하며
"너만은 제발 살아다오" 할
그 사람을 그대는 가졌는가
……
온 세상의 찬성보다도
"아니" 하고 가만히 머리를 흔들 그 한 얼굴 생각에
알뜰한 유혹을 물리치게 되는
그 사람을 그대는 가졌는가

자유 언론과 반독재 투쟁의 선각자 장준하

국경 마을에서 목사의 아들로 태어나다

장준하는 흙탕물과 같은 한국 현대사의 연못에 핀 한줄기 연꽃과도 같은 존재입니다. 일제 강점기에는 광복군으로서 일제와 싸우고, 해방 후에는 백범 김구와 함께 귀국하여 남북 통일 정부 수립을 위해 헌신하고, 이승만 독재 시대에는 월간 〈사상계〉를 창간하여 민주주의 교육과 민권 투쟁에 나서고, 박정희 군부 독재 시대에는 펜을 던지고 거리에 나서서 민주 회복과 민족 통일 운동에 앞장섰습니다.

그러던 중 산행 길에 '실족사'라는 의문의 죽음으로 세상을 떠났지요. 장준하는 광복군 출신으로서 일본군 출신인 박정희 대통령과 줄기차게 싸우다가 의문사를 당했습니다. 묘소 이장 과정에서 드러난 유골에서는 두개골이 망치 같은 것에 의해 함몰된 것이 확인되었지만, 여전히 사인이 규명되지 않고 있습니다.

장준하는 1918년 8월 27일 평안북도 삭주군 외남면 청계동에서 아버지 장석인과 어머니 김경문의 4남 1녀 중 둘째 아들로 태어났습니다. 할아버지는 의주에 양성학교라는 사립학교를 세워 마을 아이들을 가르쳤고, 아버지는 평양 숭실전문학교의 교목(校牧)이었으며 교회 목사였어요.

장준하는 장로 할아버지와 목사 아버지 밑에서 올곧게 성장합니다. 어려서부터 기독교 신앙생활을 하면서 14세에 삭주에서 대관보통학교를 졸업하고 평양 숭실중학교에 입학합니다.

숭실중학교에 입학한 지 1년 만에 장준하는 선천읍에 있는 신성중학교로 전학을 합니다. 아버지가 이 학교의 교목으로 부임하면서 전학하게 된 것이지요. 이것이 장준하에게는 행운이었습니다.

선천은 관서 지방의 종교 도시요 교육 도시로서 활기가 넘치는 도시였답니다. 장준하에게 신성중학교 시절은 삶에 대한 신념을 갖게 되는 시기였습니다. 산골이지만 할아버지가 읽는 신문에서 브나로드 운동(농촌 계몽·문맹 퇴치 운동)에 참가하라는 포스터를 보고 여기에 참가하여 사회의식과 민족의식을 갖게 된 것이지요.

신성중학교를 졸업한 장준하는 정주 신안소학교 교사로 3년 동안 근무하고, 1941년 일본으로 건너가 도요대학 철학과에 입학합니다. 이듬해에 그는 장로교 계통의 일본신학교에 입학합니다. 150명 정도의 학생을 수용한, 다른 대학들에 비해 신학적 분위기가 안정된 곳이었어요. 이곳에서 장준하는 문익환, 문동환, 전택부, 박영출, 김관석, 박봉랑 등 친구들을 만나게 됩니다. 이들과는 뒷날 〈사상계〉의 필진 등 다양한 관계를 유지하게 되지요.

6천 리를 걸어 임시정부를 찾아가다

장준하의 일본 유학 시절은 일본이 태평양전쟁을 일으켜 극심한 전시체제였지요. 일제는 모자라는 병력을 충원하고자 1943년 10월에 조선인 대학생들을 대상으로 지원병제를 실시합니다. 말이 지원병제이지 반강제로 지원케 하는 징병제 실시의 전 단계였지요.

당시 조선 청년·학생들의 영웅이었던 문인 최남선 등 친일 명사들이 일본에 와서 한국 유학생들에게 황군, 즉 일본군에 지원할 것을 권유하였지요. 장준하는 1943년 11월 학업을 중단하고 귀국합니다. 일본에 있다가는 일본군 입대를 피하기 어렵다고 생각했기 때문입니다.

하지만 고향의 상황도 녹록치 않았어요. 고향에서는 아버지가 신사 참배를 거부했다는 이유로 신성중학교에서 쫓겨났다가 3년 후 겨우 삭주의 대관교회 목사로 자리 잡고 있었어요. 장준하가 지원을 기피했을 경우 가족이 당할 불행은 뻔한 것이었지요.

귀국한 장준하는 신안소학교 시절의 하숙집 딸인 김희숙과 결혼을 합니다. 당시 조선에서는 젊은 여성들이 일본군 위안부나 일본 공장 노동자로 끌려가고 있었어요. 게다가 김희숙의 아버지가 중국으로 망명한 터여서 김희숙은 일본군에 끌려갈 공산이 높았어요. 결혼을 한 여자는 끌려가지 않았기 때문에 장준하는 입대하기 3일 전에 서둘러 결혼을 합니다.

누구보다 항일사상이 투철했던 장준하는 아버지와 젊은 아내를 보호하기 위해 일본군 입대를 지원했어요. 1944년 1월 20일, 그는 평양에 있는 일본군 제42부대에 입대합니다. 하지만 그는 중국으로 파견되면 일본에서 은밀히 들었던 충칭에 있다는 대한민국 임시정부로 탈출하겠다는 결심을 굳히고 있었어요. 아내에게 성서에 나오는 '돌베개'라는 암호가 적힌 편지를 보내면 탈출에 성공했다는 뜻이라는 약속을 하였지요.

장준하가 기대했던 대로 국내에서 훈련을 마친 그는 중국 강소성의 서주에 있는 부대에 도착하여 3개월 정도 현지 훈련을 받고 츠카다 부대로 전출됩니다. 한인 병사들의 탈출을 막기 위해 가장 강도 높은 훈련을 시킨다는 악명 높은 부대였어요.

장준하와 윤경빈, 김영록, 홍석훈 등은 7월 7일 밤, 죽음을 각오하고 부대를 탈출합니다. 붙잡히면 처형되는, 죽느냐 사느냐의 운명을 건 탈출이었지요. 이들은 한여름의 폭염과 폭우 그리고 산적 등 필설로 다하기 어려운 고초를 겪으면서 6천 리를 걸어 일본군을 탈출한 지 7개월 만에 충칭 임시정부에 도착합니다. 생명을 걸고 찾아간 장정이 마침내 성공한 것입니다.

장준하는 대위 계급장을 달고 광복군에 편입됩니다. 그는 〈등불〉과 〈제단〉 등의 광복군 잡지를 만들고, 김구 주석의 비서 임무를 맡습니다. 1945년 8월, 일본이 항복하자 장준하는 국내 진공 선발대로 뽑혀 이범석·김준엽 등 한국군 4명, 미군 18명과 함께 8월 18일 서안 비행장을 떠나 C-46 수송기 편으로 서울 여의도 공항에 도착합니다. 일본군의 항복을 받기 위해서였지요.

하지만 일본군은 본국 정부의 지시가 없다는 이유로 투항을 거부하고, 오히려 이들을 체포하려는 했지요. 결국 장준하 일행은 우여곡절 끝에 이튿날 충칭으로 돌아갔어요. 임시정부 요인들은 해방 3개월 만인 11월 23일 상하이를 거쳐 귀국합니다. 장준하도 주석 김구, 부주석 김규식 등 15명과 함께 1진으로 귀국했어요. 그리고 김구가 거처하는 경교장에서 김구의 비서 일을 맡아 격동기 해방 정국에서 활동합니다.

장준하는 한때 이범석이 이끄는 조선민족청년단에 참가하여 중앙훈련소 교무처장을 지냈습니다. 하지만 1947년 2월 학병으로 중단되었던 신학 공부를 더 하고자 한국신학대학에 편입하지요. 6개월 만에 졸업하는 단기 코스였어요. 그리고 정부 서기관에 임관되어 국민사상연구원의 사무국장 등을 역임했어요.

〈사상계〉를 발행하며 독재와 싸우다

장준하의 생애에서 큰 전환점이 된 것은 1952년 9월 피난 수도 부산에서 문교부 산하 국민사상연구원에서 발행하는 〈사상(思想)〉 편집에 참여한 것입니다. 국민에게 민주주의를 널리 알리기 위해 펴낸 잡지였어요. 하지만 〈사상〉은 통권 4호를 끝으로 폐간됩니다.

장준하는 〈사상〉을 편집 기획했던 경험과 중경에서 발행했던 〈제단〉 등의 정신을 되살려 1953년 4월 '사상계사'를 설립하고 월간 〈사상계〉를 발행합니다. 부인의 혼수품을 팔아 제작비를 부담하고, 거의 혼자서 〈사상계〉 창간호를 펴냈어요. 그리고 부인과 함께 손수레에 책을 싣고 다니면서 팔았습니다.

피난지 부산에서 지식에 메말랐던 교수·대학생들이 의외로 좋은 반응을 보이며 잡지는 성공적으로 판매되었어요. 장준하는 〈사상계〉를 내면서 "못난 조상이 되지 않기 위하여"라는 캐치프레이즈를 내걸었습니다. 나라를 빼앗긴 망국의 청년으로서 일본군을 탈출하여 장장 6천 리 길을 걸으면서 온몸으로 체득했던 것이 '못난 조상'이 되지 말자는 의지이고 각오였어요.

장준하는 〈사상계〉의 헌장을 제정하여 매 호마다 앞 페이지에 실었습니다.

> 이 지중(至重)한 시기에 처하여 현재를 해결하고 미래를 개척할 민족의 동량은 탁고기명의 청년이요, 학생이요, 새로운 세대임을 확신하는 까닭에 본지는 순정무구한 이 대열의 등불이 되고 지표가 됨을 지상의 과업으로 삼는 동시에 종으로 5,000년 역사를 밝혀 우리의 전통을 바로잡고, 횡으로 만방의 지적 소산을 매개하는 공기(公器)로서 자유·평등·번영의 민주사회 건설에 미력을 바치고자 한다.

장준하는 이 '헌장'의 정신대로 〈사상계〉를 발행하면서 이승만 독재의 횡포를 비판하고, 민족사의 전통과 서구 민주주의 사상의 연구·전파에 심혈을 기울였습니다. 1950년대에 이어 1960년대 한국의 대학생과 지식인들에게 〈사상계〉는 필독서가 되었어요. 값진 논문과 매서운 시론이 실렸고, 특히 함석헌 등의 글이 실릴 때는 책이 불티나게 팔렸어요. 이승만 정권의 탄압과 유혹이 많았으나 발행인 장준하는 흔들리지 않았답니다.

1960년 4·19 민주 혁명이 일어났어요. 6·25 전쟁 발발 후 10년, 정전 협정 7년 만에 학생들과 시민들이 독재 정권을 타도할 수 있었던 것은 〈사상계〉와 같은 정론지가 있었기에 가능했던 것입니다.

박정희의 5·16 쿠데타는 장준하의 〈사상계〉와 운명적인 대척점을 이루었습니다. 박정희 정권은 5·16 직후 나온 〈사상계〉 1961년 7월호에 실린 함석헌의 「5·16을 어떻게 볼까」를 문제 삼아 장준하를 연행한 것을 필두로 저항과 비판에 대해 탄압을 해 나갑니다.

공판을 받고 있는 장준하의 모습. ⓒ 경향신문사

장준하는 특히 1964~1965년 박정희의 굴욕적인 한일 회담 추진을 세차게 비판하고 직접 대중 강연을 통해 박정희 대통령을 비판했습니다. 자신이 광복군으로 일제와 싸울 때, 박정희는 일본군 장교였으며 그는 결코 대한민국의 대통령이 될 자격도, 굴욕적인 한일 회담을 할 자격도 없다는 주장이었습니다.

장준하의 날선 비판에 박정희 정권은 사상계사에 대한 세무 조사를 실시하는 한편, 전국의 서점에 압력을 넣어 〈사상계〉를 판매하지 못하도록 방해했습니다.

장준하는 1967년 6월 제7대 국회의원에 출마하여 서울 동대문 을 선거구에서 당선합니다. 그런데 장준하는 이에 앞서 삼성 재벌의 사카린 밀수 규탄 집회에서 박정희 대통령을 '밀수 왕초'라고 비판했다가 구속된 상태였어요. 옥중에서 당선된 것입니다.

장준하의 의정 활동은 참으로 모범적이었어요. 야당 의원들이 하기 어려운 발언을 서슴지 않았고, 정부 기관이나 기업으로부터 은밀히 주어진 정치 자금을 배격함으로써 깨끗한 선량의 모습을 보였습니다.

반 유신 투쟁에 앞장서다

1972년 유신 쿠데타는 또 한 번 장준하의 생애에 변곡점이 됩니다. 장준하는 박정희의 영구 집권 야욕을 도저히 묵과할 수 없었지요. 일본군 출신이 5·16 쿠데타에 이어 10년 이상을 집권하고, 그것도 모자라 종신 집권을 위해 계엄령을 선포하고 국회를 해산하면서 유신을 선포한 것입니다.

장준하는 재야 민주 인사들과 '민주수호국민협의회'를 조직하여 반독재 민주화운동을 전개하던 중 유신 쿠데타를 맞습니다. 그는 신민당 유진

산 당수 체제의 미온적인 노선에 불만을 갖고, 탈당하여 양일동 등과 민주통일당을 창당하고 최고위원에 선임되었어요. 하지만 유신 정권의 탄압으로 국회의원 선거에서 낙선하는 등 좌절을 겪었습니다.

1971년에 출판사 '사상사'를 설립하여 자서전 격인 『돌베개』를 간행하여 히트를 치는 등 성과를 얻었습니다. 하지만 출판사는 곧 독재 정권의 여러 가지 탄압으로 경영이 어려워졌습니다.

박정희의 권력 욕망은 끝이 보이지 않았어요. 학생·재야·시민들의 유신 헌법 개정 운동에 대해 대통령 긴급조치를 선포하면서 봉쇄했습니다. 1972년 12월 24일 장준하, 함석헌, 천관우, 백기완 등 각계 인사 30명이 서울 YMCA 강당에 모여 '개헌 청원 100만인 서명운동본부'를 결성합니다. 그리고 서명 운동을 시작하여 광범위한 국민의 서명을 받았습니다.

장준하는 '개헌청원운동본부' 설립 취지서에서 "오늘의 사태는 경제 파탄, 민심의 혼란, 남북 긴장의 재현이라는 상황 속에서 학원과 교회, 언론계와 가두에서 일고 있는 자유화의 요구"로 요약된다고 말하고, "현행 헌법은 그 개정의 발의권이 사실상 대통령에게만 속해 있는 것"이기 때문에 대통령에게 헌법 개정을 요구하는 것이라고 밝혔습니다. 지극히 타당하고 대단히 온건한 방법이었어요.

하지만 박정희 정권은 개헌 청원 운동을 벌인 장준하와 백기완을 긴급조치 제1호 위반 혐의로 구속하고, 군법회의에 넘겼습니다. 명색이 민주국가에서 민간인들의 개헌 청원 운동을 군사재판에 회부하는 야만을 저지른 것이지요. 장준하는 1심에서 징역 15년, 자격 정지 15년을 선고 받았습니다. 비상고등군법회의에서도 똑같은 형량이 선고된 데 이어 대법원 형사부가 상고를 기각하여 징역 15년, 자격 정지 15년이 확정되지요. 1심이나 2심은 군사재판이어서 그렇다 치더라도 민간 법정인 대법원까지 한 통속이었어요.

장준하는 감옥에서 심한 병환에 시달렸습니다. 추운 날씨에 1년여 동안 구속 상태로 재판과 옥고를 치르느라 건강을 크게 해친 것이지요.

일제나 독재자들은 독립운동가와 민주 인사들이 감옥에서 사망하는 것은 두려워했어요. 분노한 국민들이 봉기할까 두려웠던 것이지요. 박정희 정권은 1973년 말에 장준하를 구속 정지 형태로 석방합니다. 하지만 주거를 병원으로 제한하고, 하루 종일 정보부 요원들을 배치하여 외부와 연락을 통제시켰어요. 병원에 연금시킨 것입니다.

장준하에게 '운명의 해'가 되는 1975년이 되었어요. 장준하는 1월 8일 박정희 대통령에게 장문의 공개서한을 보냈습니다. 강연도, 언론사 기고나 인터뷰도 철저하게 막힌 상태여서 '공개서한'을 택한 것이었지요. 요지를 들어보세요.

> 국헌을 준수한다고 서약한 귀하 스스로가 그 선서를 헌신짝처럼 버리고 헌법 기관의 권능을 정지시키고, 헌법 제정 권력의 주체인 국민을 강압적인 계엄 하에 묶어 놓고 '국민투표'라는 요식 행위를 통해 제정한 소위 '유신 헌법'으로 명실상부하게 귀하의 1인 독재 체제만을 확립시켰습니다.

장준하는 이 글에서 박정희의 퇴진을 완곡하게 요구하고, 긴급조치 해제와 이 조치로 인해 구속된 학생·민주 인사들의 석방을 강하게 주장했어요. 긴급조치 아래서 누구도 하지 못했던 말을 그는 공개적으로 요구하고 주장한 것입니다.

의문의 죽임, 밝혀지지 않은 배후

장준하는 건강이 어느 정도 회복되고 연금이 느슨해지자 가끔 산에 올라가 울연한 마음을 달랬습니다. 그리고 1975년 8월 17일, 꼭 30년 전 일본군의 항복을 받기 위해 광복군 장교의 신분으로 국내에 들어왔던 그날, 장준하는 경기도 포천군 이동면 약사봉 계곡에서 의문의 변사체로 발견되었어요.

사고 지점은 경사 75도, 높이 12미터의 가파른 암벽이었습니다. 전문 암벽 등반가가 아니면 감히 내려올 수 없는 바위를 타고 내려오다가 추락했다고, 정체가 의심되는 동행인이 증언하였지요. 아무도 믿지 않는, 믿을 수 없는 의문사였습니다.

장준하가 의문사를 당하기 전에 모종의 결단을 준비하고 있었던 사실이 사후에 밝혀졌어요. 그는 충칭 임시정부 청사에 걸었던 태극기를 대학박물관에 기증하였으며, 부모님 묘소를 찾아 때 이른 벌초와 성묘를 하고, 김대중·함석헌·홍남순 등 재야 민주 인사들을 은밀히 만났지요. 이들과의 만남의 목적이 구체적으로 밝혀지지는 않았으나, 박정희의 퇴진을 요구하는 대규모적인 국민 저항 운동을 전개하기 위해서가 아니겠는가라고 추정됩니다.

정부는 1991년 8월 15일 장준하의 영전에 건국훈장 애국장을 추서합니다. 1995년에는 장준하 20주기 추모 문집이 간행되고, 1999년에는 기념사업회가 구성되었습니다.

크리스찬 아카데미 강원용 원장의 추모 글을 소개합니다.

> 지금 장준하가 살아있으면 한국의 역사가 많이 달라졌을 텐데, 그렇게 죽고 그 죽음에 대한 수수께끼가 아직도 제대로 풀리지 않고, 그렇게 20년을 맞으니 감회가 깊다.

민주 언론의 기수 송건호

스스로 깨우친 민족의식

20세기 한국에서 가장 위대한 언론인은 누구일까요? 바로 송건호입니다. 1999년 〈기자협회보〉에서 전국 신문·방송·통신사의 편집·보도국장과 언론학 교수들을 상대로 설문 조사를 한 결과 '20세기 최고 언론인'으로 송건호와 〈황성신문〉 주필을 지낸 장지연이 선정되었습니다. 그러나 장지연의 친일 행적이 드러나면서, 송건호가 유일한 '20세기 최고'의 언론인이 된 것이지요.

송건호는 1926년 9월 27일 충청북도 옥천군 군북면 비아리에서 아버지 송재찬과 어머니 박재호 슬하의 3남 5녀 중 차남으로 태어났습니다. 송건호의 집안은 증조부 대부터 비아리에 정착하여 중농 규모의 농사를 지으며 살아왔습니다. 조부모와 부모도 평범한 농부였어요.

집에서 한학을 공부하던 송건호는 9세 때에 사립 증약보통학교에 입학합니다. 일제 강점기여서 공립은 식민지 교육이 심했으나, 사립학교는 좀 덜한 편이었지요. 그래서 부모님이 면사무소 근처에 있는 사립학교에 그를 입학을 시킨 것입니다.

송건호는 진학을 하기 위해 10세 때에 충청남도 대덕군 동면에 있는 공립 동면보통학교 2학년으로 전학합니다. 그리고 14세에 대전의 공립 욱정보통학교 6학년으로 전학했는데, 가족이 이사를 했기 때문입니다. 그는 공부를 잘하는 우등생이었답니다.

일본의 압제에 대단히 비판적이었던 아버지는 송건호가 15세이던 1940년, 그를 서울에 있는 한성상업학교에 입학시켰지요. 일본 치하에서 공부는 무슨 공부냐면서 관리보다 중학교만 졸업하고 취직을 하라는 뜻이었어요.

어렸을 때부터 책읽기를 좋아 했던 송건호는 계속 공부를 하고 싶었습니다. 그래서 서울로 유학을 와서는 고서점을 찾아다니는 취미를 갖게 되었고, 책 수집과 독서에 남달리 열중하게 되었어요. 학과 중에서 역사와 한문을 좋아했지요.

이때 송건호는 어째서 조선이 일본의 식민지가 되었는지, 왜 학교에서는 일본 학생들이 우대받고 한국 학생들은 차별을 당하는지 자각하기 시작합니다. 교사나 선배들의 가르침이 아니라 스스로 깨우친 것입니다.

당시는 일본이 미국을 공격하면서 시작된 제2차 세계대전의 시기였어요. 그래서 1943년부터 한국인 전문대생들은 거의 학병으로 끌려가고, 중학생들은 근로 봉사에 동원되었습니다. 공출과 군납으로 식량이 부족하여 국민들은 굶주려야 했어요. 송건호도 하숙집 밥이 모자라 한참 먹어야 할 나이에 제대로 먹지를 못하여 몸이 허약해졌지요.

원래대로라면 송건호는 1945년 2월에 5년제 한성상업학교를 졸업하도록 되어 있었어요. 하지만 일제는 전쟁 수행을 목적으로 1944년 12월에 앞당겨 졸업을 시켰습니다. 조기에 졸업한 그는 고향으로 내려가 부모의 농사일을 돕고, 일제의 군대 입영 강요를 피해 다니다가 1945년 해방을 맞이합니다.

역사와 언론에 관심이 많았던 법대생

20세가 된 송건호는 1945년 12월 서울로 왔어요. 공부를 더하고 싶어서 이 해 12월 연희전문학교 신학과에 응시했으나 낙방했답니다. 경쟁자가 많아서라기보다도 기독교의 배경이 없다는 것이 탈락의 이유였어요. 그래서 그는 경성법학전문학교에 들어갔습니다. 서울대학교 법과대학의 전신이었지요. 한때의 실패는 가끔 더 나은 결과를 보여주기도 합니다. 송건호가 연희전문학교 신학과에서 탈락하지 않았다면, 그와 같은 유능한 언론인은 배출하지 못했을 테니까요.

경성법학전문학교는 1946년 2월에 개강했습니다. 송건호는 자취를 하면서 신문 배달과 막노동으로 학비를 벌어 공부를 합니다. 이 무렵 가세가 기울어 학자금을 지원받기 어려운 형편이기도 했지만, 이제 다 자란 청년으로서 강한 자립 의지에서 나온 결심이었지요.

해방 정국은 혼란스러웠어요. 이념 싸움이 벌어지고, 서북청년단 등 반공 단체들의 폭력이 난무했지요. 의협심이 강했던 송건호는 서북청년단의 폭력에 맞서 싸우다가 부상을 당하기도 합니다. 1948년 국립 서울대학교가 설립되면서 송건호는 법과대학 행정학과에 편입되었어요.

하지만 3학년 때에 6·25 전쟁이 발발하면서 학업이 중단됩니다. 참으로 불행한 세대였지요. 일제 강점기에 태어나 혹독한 식민지 생활을 겪고, 이제 막 제대로 공부를 하려던 참에 동족상잔을 겪게 된 것입니다.

송건호는 1951년 초 국민방위군에 소집되어 부산까지 내려갔어요. 그런데 이승만 정부 군 간부들의 부패로 국민방위군으로 소집된 청장년 천 수백 명이 굶어죽거나 병들어 죽는 등 세칭 '국민방위군 사건'이 발생하여 부대가 해산됩니다. 그래서 고향으로 돌아왔어요.

송건호는 서울이 수복된 후 1953년 법과대학에 복학하면서 다시 학교 수업을 받게 되었어요. 하지만 법학은 그의 성격에 맞지가 않았습니다. 그래서 법률 공부보다 역사·언론 분야에 더 관심을 갖고 공부했지요.

하지만 전후의 어려운 환경에서 무엇보다 당장 먹고 사는 일이 시급했어요. 그래서 송건호는 학생 신분으로 직장을 구했어요. 첫 번째 일은 교통부 촉탁으로 서울철도국에서 한글을 영문으로 번역하는 일이었습니다. 번역 일은 장차 그에게 큰 도움을 주었어요.

정론을 지향한 젊은 언론인

송건호는 재학 중인 1953년에 '대한통신사' 기자 공채에 합격하여 외신부 기자로 들어갑니다. 이것이 언론계와 생애를 같이하는 계기가 되었습니다. 민주 언론의 선각자의 출발이었지요. 또 이 해에 강원도 출신으로 조치원여자중학교 교사인 이정순과 결혼하여 평생의 반려가 됩니다.

송건호는 대한통신사에 이어 〈조선일보〉를 거쳐 1958년 〈한국일보〉 외신부장 그리고 〈자유신문〉 외신부장으로 자리를 옮깁니다. 당시는 기자들이 자유롭게 다른 언론사로 옮겨 다니면서 일할 수 있었어요. 그가 외신부에서 근무하게 된 것은 외신을 번역할 수 있는 드문 영어 실력을 갖추었을 뿐만 아니라, 선비처럼 점잖고 학구적이어서 가능했던 일입니다.

송건호가 〈세계일보〉에 근무할 때 4·19 혁명이 일어났어요. 이승만 정권 12년 동안 짓밟혔던 언론 자유가 소생하고 신생 언론사도 등장합니다. 그는 4월 혁명 직후인 1960년 6월 35세의 나이에 〈한국일보〉 논설위원으로 발탁되었어요. 능력과 부패하지 않은 깨끗한 언론인의 자세가 발탁의 원인이었답니다.

얼마 후 송건호는 한국 언론계의 양심적인 인사들이 참여하여 만든 정론지 〈민국일보〉의 논설위원으로 자리를 옮겼어요. 하지만 이 신문은 박정희가 주도한 5·16 군사 쿠데타 세력에 의해 문을 닫게 되었습니다. 이후 송건호는 〈한국일보〉로 복귀합니다. 그가 언론사를 자주 옮기면서도 그때그때 새 자리를 잡을 수 있었던 것은 남다른 성실성과 능력 때문이었지요.

박정희 정권의 언론 탄압이 심해지던 1965년, 송건호는 〈경향신문〉 논설주간에 이어 편집국장으로 영입됩니다. 당시 언론계에서 40세 편집국장은 드문 일이었어요. 이 신문은 이승만 정권에서 폐간되었다가 4·19 혁명으로 살아났지요. 송건호는 편집국장 취임사에서 "신문의 정도를 걷자! 문제가 생기면 국장에게 넘기라."라고 선언하고 정론지 편집을 지향했어요.

〈경향신문〉의 정론 지향은 박정희 정권에 '미운털'이 박히게 되고, 송건호가 연행되는 등 탄압이 시작되었어요. 그래도 정론을 굽히지 않자 정부는 마침내 이 신문을 빼앗고자 신문사 부채를 문제 삼아 1965년 공매처분하여 친여 인사에게 경영권을 넘겼어요.

신문사를 떠난 송건호는 국민대학교 등에 출강하고 잡지에 글을 기고하면서 지냈어요. 그리고 1968년에는 서베를린의 국제신문연구소로 연수를 떠납니다. 연수에서 돌아온 그는 1969년 〈동아일보〉 논설위원으로 영입되었어요. 당시에 이 신문은 박정희 정권과 가장 대치하는 정론지였어요. 그래서 세간에서는 '야당지'라고 부르기도 했지요.

민주 언론 운동에 투신하다

송건호는 언론사 일을 하면서 1972년 남북적십자회담 자문위원으로 위촉되었어요. 그는 이산가족 상봉을 위해 노력하고, 통일 문제에 많은 관심을 보였지요. 또 두 차례에 걸쳐 평양을 방문하기도 했답니다.

송건호는 1973년 〈동아일보〉 수석 논설위원에 이어, 1974년에는 편집국장에 취임합니다. 그리고 편집인협회 보도자유위원장과 IPI(국제언론인협회) 국내 위원으로도 활동하였어요.

1974년 2학기가 되면서 대학생들의 유신 철폐 운동이 다시 불붙었지요. 1972년 유신 쿠데타를 자행한 박정희는 1974년 초부터 긴급조치를 선포하여, 유신 헌법 개정을 요구하거나 비판하는 사람들을 군사재판에 넘겨 심하게 탄압했습니다. 이에 대학생들이 다시 반정부 시위에 나선 것입니다. 학생들은 시위 과정에서 정부 비판과 함께 무사안일한 언론인들을 호되게 비판했어요. 그런데도 대부분의 언론은 학생 시위나 재야인사들의 민주 회복 운동을 보도하지 못했지요.

하지만 〈동아일보〉는 송건호 편집국장의 지시로 학생들의 시위를 보도합니다. 기사가 나가자 정부는 송건호와 신문사 간부들을 연행하고 협박했어요. 그러자 〈동아일보〉의 기자들이 중심이 되어서 언론 자유를 위한 선언을 합니다. 이것이 1974년 10월 24일의 '자유언론실천선언'입니다.

정부가 탄압에 나서 기업체에 광고를 주지 못하도록 하자 신문사는 '백지 광고'로 맞서고 민주 인사들과 시민들은 격려 광고를 실었습니다. 그 중심에 송건호가 있었지요. 하지만 결국 신문사는 정부의 탄압에 굴복해 주동자를 해고했어요. 그리고 폭력배들을 동원하여 자유언론 수호를 내걸고 사내에서 농성을 벌이고 있던 기자들을 끌어냈답니다. 또한 〈동아일보〉와 동아방송의 기자와 피디 등 170여 명을 해고합니다.

송건호는 사주 측으로부터 주동 기자들을 해임할 것을 통보받습니다. 하지만 그는 자유언론 실천을 주도한 정의로운 언론인들을 해고하느니 자신이 먼저 물러나겠다고 선언하고 스스로 편집국장 자리에서 물러났습니다. 50세가 되는 1975년의 일입니다.

이때부터 송건호의 고난에 찬 생애가 시작됩니다. 당장 생계가 어려워지고, 정보기관의 압력으로 어디에도 취업이 어려웠습니다. 박정희 정권은 송건호가 대학 강의는 물론 잡지사에 기고도 하지 못하도록 막았습니다

다. 그래도 그는 굴하지 않았어요. 한때 정부에서 요직을 제의했으나 단호히 거부합니다. 독재 정권에는 한 발짝도 들여놓지 않겠다는 올곧은 선비 정신, 정론을 쓰는 진짜 언론인의 기백이었어요.

이 기간 동안 송건호는 많은 글을 씁니다. 『민족지성의 탐구』, 『한국현대사론』, 『한국민족주의의 탐구』, 『서재필과 이승만』 등의 책을 내기도 했어요. 독재 정치가 계속되면서 지식인들은 현대사 연구를 하지 않았지요. 자칫 정권에 찍혔다가는 무슨 변을 당할지 모른다는 공포심과 현실에 타협하는 지식인의 나약성 때문이었어요.

하지만 송건호는 용기 있게 현대사의 시비를 가리는 글을 쓰고, 이것을 책으로 엮었습니다. 출판계에 용기 있는 분들이 많아서 가능한 일이었지요.

국민 모금으로 〈한겨레신문〉을 창간하다

박정희가 1979년 10월 26일 중앙정보부장 김재규에게 암살당한 후, 잠시 민주주의가 실현되는 듯 했어요. 하지만 전두환 일당이 12·12 군사 쿠데타에 이어, 1980년 5월 광주 학살을 자행하며 정권을 잡습니다. 그리고 이른바 '김대중 내란 음모 사건'을 날조하여 자신들의 명분이 없는 권력을 유지하는 데 장애가 된다고 판단한 각계 인사들을 잡아들입니다. 송건호도 이 사건으로 구속되어 서대문형무소에 수감되지요.

송건호는 전시도 아닌 시대에 군사재판에서 3년 6개월 형을 선고받습니다. 2심에서 2년 형으로 감형된 후, 육군형무소로 이감되었다가 구속 6개월 만인 1980년 11월에 석방되었어요. 정부가 애초에 없었던 일을 꾸몄을 뿐만 아니라, 광주 학살 등으로 해외의 비판 여론이 빗발치면서 여론 무마용으로 풀어준 것입니다.

비록 풀려나기는 했지만, 송건호는 극심한 고문과 옥고로 몸이 크게 상한 상태였어요. 게다가 여전히 취업의 길은 막히고, 생계는 막막했지요. 전두환 정권은 박정희의 유신 체제보다 더하면 더했지 덜하지 않았습니다. 그만큼 버티기도 어려웠지요.

출감한 송건호는 건강을 추스르는 한편 계속하여 글을 썼습니다. 또한 독재 정권에 밑보여 쫓겨난 젊은 언론인들과 함께 '동아자유언론수호투쟁위원회'를 조직하는 한편 '민주언론운동협의회'(민언협)를 발족하고 의장으로 추대되었어요. 민언협은 〈말〉이라는 월간지를 발간하면서 제도권의 언론이 하지 못하는 정론지의 역할을 합니다. 이로 인해 그는 몇 차례 연행되는 등 고초를 겪기도 했답니다.

한줄기 격려가 된 것은 1986년 독립운동가 심산 김창숙 선생을 기리는 제1회 심산상을 수상한 것입니다. 이즈음 송건호는 『김구』, 『의열단』, 『분단과 민족』, 『민중과 민족』, 『한국현대인물사론』 등 주옥과 같은 저서를 잇달아 발간합니다. 고난 속에서 쓰인 저술들이지요.

송건호는 1987년 6월 항쟁으로 전두환 정권이 몰락하면서 재야 언론인들이 중심이 되어 발족한 '새 신문 창간 발기 위원회' 위원장으로 취임합니다. 그리고 세계 언론사상 초유의 국민 모금으로 〈한겨레신문〉(현 〈한겨레〉)을 창간하지요. 〈한겨레신문〉 창간과 함께 그는 대표이사로 선임되었어요.

송건호는 창간사에서 "오로지 국민대중의 이익과 주장을 대변하는 그런 뜻에서 참된 국민 신문임을 자임"했습니다. 그리고 "결코 어느 특정 정당이나 정치세력을 지지하거나 반대하는 것을 목적으로 하지 않을 것이며, 절대 독립된 입장 즉 국민 대중의 입장에서 정치·문화·사회문제들을 보도하고 논평할 것", "절대로 특정 사상을 무조건 지지하거나 반대하지 않을 것이며, 시종일관 이 나라의 민주주의 실현을 위해 분투 노력할 것"을 다짐했지요.

〈한겨레신문〉 창간 발기 선언 대회에서 연설하고 있는 송건호. ⓒ 박용수

건강이 좋지 않았던 송건호는 고문과 옥고 그리고 새 신문 창간 과정에서 쉬는 날이 거의 없었어요. 창간 후에도 각 언론사 출신의 이질적인 기자들을 '한솥밥'을 먹게 하는 작업으로, 그리고 기업들이 정부의 눈치를 보느라 광고를 주지 않아서 어려운 경영난을 극복하느라 육신이 피로해졌어요.

그러나 송건호는 신문사 일과 저술 작업을 멈추지 않았습니다. 『한국현대언론사』를 펴내고, 1993년에 신문사 대표이사 회장에 유임되었어요. 1996년에는 평생을 모았던 도서 1만 5천여 권을 〈한겨레신문〉에 기증합니다. 이 도서는 현재 국회로 옮겨져, 그의 호 '청암'을 따서 '청암문고'로 비치되어 있지요.

김대중 정부는 1998년 송건호가 언론 자유와 민주화에 끼친 공적을 기려서 금관문화훈장을 수여했습니다. 2000년에는 정일형 박사 기념사업회에서 제4회 정일형 자유민주상을 수여합니다.

송건호는 1994년부터 전두환의 신군부에 의한 고문 후유증으로 인한 파킨슨증후군으로 앓기 시작하여 8년간 투병 생활을 하게 되었어요. 그리고 2001년 12월 21일, 76세를 일기로 눈을 감습니다. 한국 언론계의 거목이 쓰러진 것이지요.

송건호의 장례는 민주사회장으로 거행되었습니다. 그리고 그의 유해는 광주 국립 5·18 민주 묘지에 안장되었어요. 정부는 그에게 국민훈장 무궁화장을 추서합니다.

송건호는 파란의 시대를 살아오면서 한순간도 굴절 없는 대쪽 같은 삶을 살았어요. '언론계의 죽비'였고, '사회의 목탁'이었습니다. 뿐만 아니라 군부 독재와 맞서 싸운 '행동하는 지식인'이었지요. 또 현대사 연구에 큰 발자취를 남긴 역사학자였고, 평생을 청빈하게 살아온 선비였습니다.

송건호는 평생을 언론인으로 지내면서 한 편의 글을 쓰더라도 30~40년 후를 내다보고, 후세에 어떤 이름을 남길 것인가를 고뇌하고 마음에 새겼답니다. 곡학아세하고 부패한 언론인들과는 격이 달랐지요.

다음은 송건호의 '글쓰기 정신'입니다.

> 나는 글을 쓸 때마다 항상 30년, 40년 후에 과연 이 글이 어떤 평가를 받을 것인가라는 생각과 먼 훗날 욕을 먹지 않는 글을 쓰겠다고 다짐하곤 한다.
>
> 크게는 민족을 위해, 작게는 내 자식들을 위해 어찌 더러운 이름을 남길 수야 있겠는가 하는 점을 생각해 본다.

민주화운동가 4

사상의 은사 리영희

평북 운산에서 태어나 해방 후 월남

사상의 은사
시대의 선구자
60년대 70년대 80년대 대표적 지성
아 이 한반도의 살아있는 정신
불
얼음
우리들의 전위와 후방.

시은 고은이 리영희의 화갑 기념 문집에 쓴 글의 일부입니다. 외국 신문에서도 1970~1980년대 한국의 혹독한 군부 독재와 싸우는 리영희를 '사상의 은사'라고 썼어요. 민주주의, 인권, 평화 사상을 주도한 리영희는 신문사에서 두 번, 대학에서 두 번 쫓겨나면서도 권력에 굴하지 않고 바른 글을 쓰고 용기 있는 행동을 했던 우리나라의 대표적인 지식인이었습니다.

리영희는 1929년 12월 2일 평안북도 운산군 북진면에서 태어나 삭주군 외동면 대관동에서 자랐습니다. 아버지 이근국과 어머니 최희저의 사이에서 태어났어요.

할아버지가 면장을 지냈으며, 아버지는 한말 신식 교육 제도에 따라 의주에 설립된 농립학교를 나와 평안북도 영림서(營林署) 공무원으로 근무하였습니다. 지역에서는 살림이 조금 나은 편에 속하였지요. 어머니도 지주의 딸이어서 가정이 비교적 유복했습니다.

리영희는 8세 때에 대관공립보통학교에 입학하고, 14세에 일본인 위주로 소수의 조선인만 입학이 허용된 갑종 5년제 중학교인 경성공립공업학교에 들어갔어요. 그는 두뇌가 뛰어난 편이었습니다. 보통학교 시절에 늘 전교 1, 2등을 다투었어요. 그래서 지역의 수재로 소문이 났지요.

리영희가 서울로 유학을 왔을 때는 일제가 태평양전쟁을 일으켜 한반도는 전쟁 물자를 조달하는 병참 기지가 되고, 젊은이들은 군인이나 노무자 또는 일본군 위안부로 끌려가는 참혹한 시기였어요. 한국인들은 소수의 친일파를 제외하고는 하루 두끼 먹고 살기도 어려웠답니다.

시골 하급 공무원인 리영희의 아버지 월급으로 아들을 서울의 대학에 보낼 여력이 없었어요. 그래서 리영희는 취업을 위해 경성공립공업학교를 택한 것입니다. 이 학교는 중학교와 고등학교를 합친 교과 체제로, 졸업하면 3종 전기 기사 자격증을 주었기 때문에 취업이 비교적 쉬웠답니다.

당시 중학교에서는 모두 일본어 교재와 일본어로 가르쳤습니다. 리영희도 일본어로 된 일본 고전과 세계 문학을 읽으며 학교를 다닙니다. 조선인 교사 가운데 한문을 가르치는 김경탁 선생과 박물관 담임 이휘재 선생이 있었는데, 이들은 창씨개명을 하지 않고 끝까지 버티는 기개 있는 교사였습니다. 리영희는 이들로부터 많은 영향을 받았어요.

리영희는 중학교 시절을 경제적인 궁핍과 근로 동원의 억압 속에서 보냈어요. 일제는 아직 어린 학생들을 끌어다가 군수 공장에서 일을 시키고, 산에 가서 송진을 채취해 오게 했습니다. 비행기 기름으로 사용하기 위해 소나무를 찍어 송진을 채취하게 한 것입니다.

리영희는 17세 되는 1945년 근로동원을 피해 고향에 와 있다가 해방을 맞았어요. 그리고 1946년 가족과 함께 남한으로 옵니다. 남한에 와서는 연고도 없고 돈도 없어서 대단히 어렵게 살았어요. 그래서 리영희는 18세에 등록금이 없는 국립대학인 국립해양대학에 들어가 4년 뒤 졸업합니다.

한미 정상 회담 내용을 폭로하다

국립해양대학 졸업 후 경북 안동의 안동공립중학교에서 영어 교사로 근무할 때 6·25 전쟁이 일어났어요. 학교가 문을 닫게 되자 리영희는 육군 중위로 지원 입대하여 '유엔군 연락 장교단'에서 복무합니다.

리영희는 휴전과 동시에 시행된 최전방 전투지 장기복무 장교의 후방 교류에 따라, 최전방에서 마산 육군 군의학교로 전속되었어요. 일반병과 장교는 휴전으로 3~4년이면 제대하여 예편되었지만 특수병과 장교는 인원이 모자라 제대가 전면 불허되어서 리영희는 3년을 더 복무하게 되었어요. 이 무렵 고급 장교들의 부패와 타락상을 지켜봅니다.

다시 부산의 육군 제5관구 사령부로 전속된 리영희는 군대에서 고등고시 합격자는 제대가 허용된다는 사실을 알고 바쁜 군무의 틈을 쪼개어 고등고시 3부(외교) 준비를 합니다. 그리고 29세인 1957년, 만 7년의 군복무를 마치고 소령으로 예편했어요. 예편과 함께 〈합동통신〉의 입사 시험에 합격하여 외신부 기자로 언론인 생활을 시작합니다.

리영희가 언론계에 투신했을 때는 이승만 정권의 독재가 극심하고 대부분의 언론이 무기력한 상태였어요. 권력의 탄압으로 언론이 무기력해졌는지, 언론이 비판 기능을 제대로 하지 못해서 독재가 생겼는지, 닭이 먼저냐 계란이 먼저냐의 문제와 비슷할 것입니다.

리영희는 언론사 근무 중 풀브라이트 장학 계획으로 미국 노스웨스턴 대학에서 신문학을 연수합니다. 귀국하였을 때 대한민국에서는 이승만이 4선을 위해 3·15 부정 선거를 자행하고 있었어요. 여기에 대항하여 학생들과 야당·시민들이 부정 선거를 규탄하였습니다. 4·19 혁명이 일어난 것입니다.

리영희는 기사를 쓴 다음에 시민·학생들의 주장을 담아 〈워싱턴 포스트〉에 익명으로 기사를 보냅니다. 그가 보낸 기사는 〈워싱턴 포스트〉에 크게 보도되어, 한국의 4·19 혁명 소식을 국제 사회에 널리 알리게 되었습니다.

4월 혁명이 성공하고 내각책임제 개헌에 따라 오랜 야당이었던 민주당이 집권하여 혁명 과업을 수행할 때 박정희가 주동하는 5·16 군사 쿠데타가 일어났지요. 언론은 다시 한 번 된서리를 맞고 비판 기능을 상실하게 됩니다.

리영희는 1961년 박정희 국가재건최고회의 의장의 첫 미국 방문에 수행기자로 동행했어요. 대통령의 외국 순방을 수행하는 기자들은 청와대가 발표한 공식 성명이나 브리핑을 보도하는 것이 관행처럼 되어 있었지요. 하지만 리영희는 달랐어요. 그동안 기고를 통해 알게 된 〈워싱턴 포스트〉 주필과 편집국장의 도움으로 박정희와 케네디 미국 대통령의 정상 회담 비밀 내용을 취재하고 이를 통신사로 송고한 것입니다.

양국 정부가 공식 발표한 것과는 전혀 다른 내용이었지요. 케네디는 박정희에게 조속한 시일 내에 공정한 선거를 통해 민정으로 권력을 이양할 것, 민정 이양에 앞서 군의 정치 관여 금지와 원대 복귀 등을 요구했다는 충격적인 내용이었습니다. 이 내용이 〈합동통신〉에 그대로 실리게 되었고, 결국 리영희는 수행원 자격을 박탈당한 채 소환됩니다. 동행했던 다른 기자들은 정부가 발표한 내용만을 실었고 후한 대접을 받았지요.

거듭된 필화로 언론사에서 쫓겨나다

리영희는 36세이던 1964년에 〈조선일보〉 정치부로 옮겨 취재 활동 중 이번에는 '유엔 총회 남북한 동시 초청 안건' 관계 기사로 구속되었어요. 제12차 아시아·아프리카 회의가 1965년 6월 알제리에서 열리기로 예정되었는데, 제3세계 비동맹국들이 중심이 되어 유엔 총회에 남북한을 동시에 초청한다는 것이 내용이었지요. 있는 사실을 그대로 보도한 것입니다.

하지만 정부는 리영희를 반공법 위반으로 구속했습니다. 평소에 비판 기사를 많이 써서 '미운 털'이 박혀 있었던 것이 진짜 이유였지요. 리영희는 중앙정보부에 끌려가 혹독한 수사를 받고 서대문형무소에 수감되었어요. 결국 재판에서 징역 1년, 집행유예 1년을 선고받고 풀려났답니다. 정직한 언론 활동은 이렇게 쉽지가 않았어요.

당시 베트남 전쟁에는 미국의 요청으로 한국군이 파병되어 북베트남군과 싸우고 있었어요. 언론사들은 정부의 취재 지원으로 현지에 기자를 파견하여 '베트콩과 싸우는 용감한 국군'의 무용담을 쓰게 했지요. 그러나 리영희는 처음부터 국군의 베트남 파병을 반대했어요. 남의 나라 민족 통일 전쟁에 우리가 끼어들 이유가 없고, 일부 국군 부대가 베트남 민간인들을 학살하여 비난 여론이 일고 있는 상황에서 '용감한 국군'의 무용담을 언론인의 양식으로 쓸 수 없다고 생각한 것이지요. 그래서 베트남 취재를 거부한 것입니다.

정부는 어느 신문 기자보다 리영희 기자의 보도가 악화되고 있는 국제사회의 여론을 돌릴 수 있다고 판단했습니다. 그래서 리영희에게 여러 가지 이권을 제시하기도 하고, 신문사 간부를 통해 압력을 가하기도 했지요. 그러나 리영희는 이에 끝까지 반대하다가 1969년에 〈조선일보〉에서 쫓겨났어요.

리영희의 능력은 언론계에 널리 알려졌지요. 특히 외국어를 잘해서 외신 기사의 번역과 국제정세 분석에는 일가견을 가졌어요. 그래서 다시 〈합동통신〉 외신부장으로 들어갈 수 있었지요.

정부의 탄압에도 리영희의 비판 정신은 시들지 않았어요. 박정희 정권의 학원 탄압이 갈수록 심해지자, 1971년 이를 반대하는 '64인 지식인 선언'이 발표되고, 리영희도 이에 서명합니다. 이 일로 그는 회사에서 쫓겨납니다. 두 번째 강제 퇴직이었어요.

정부로부터 찍힌 인물이 되면서 언론사 어디서도 받아 주는 곳이 없었습니다. 리영희는 생계를 위해 월부 책장수를 하다가 눈길에 넘어져 다치기도 했어요. 다행히 한양대학교 신문방송학과 조교수로 임용되어 연구를 계속할 수 있었습니다.

하지만 여기서도 오래 있지는 못했어요. 1977년에 펴낸 『전환시대의 논리』와 『우상과 이성』, 『8억인과의 대화』 등 저서에 대해 검찰이 반공법 등의 위반 혐의를 적용해 리영희를 구속 기소했습니다. 그는 재판에서 2년 형을 선고받고 서대문형무소 등에서 힘든 옥살이를 했어요. 그가 저술한 책들은 1970년대를 대표하는 명저로 평가받고, 1970~1980년대 학생·노동자들의 민주화운동의 필독서가 되었지요.

리영희는 박정희가 암살당한 후 1980년 1월 광주교도소에서 만기 출소하여 한양대학교에서 다시 교편을 잡을 수 있었어요. 하지만 민주화의 봄이 오는 듯하던 시국은 이번에는 전두환 일당의 신군부가 쿠데타를 일으켜 헌정을 중단시키면서 다시 얼어붙고 말았습니다. 전두환 일당이 양심적인 지식인들을 구속하면서 리영희도 다시 고난을 겪게 되었어요.

1980년 5월 리영희는 그를 '광주 폭동 배후 조종자'의 한 사람으로 날조한 사건에 연루되어 또 구속되었어요. 심한 고문을 당하고 7월에 석방되었으나, 대학 교수직에서 쫓겨나 2차 해직을 당합니다. 언론사에서 두 차례, 대학에서 두 차례 쫓겨난 것입니다.

각종 저서 펴내며 민주화운동을 이끌다

언론사와 대학에서 쫓겨난 지식인이 할 수 있는 일은 글 쓰는 것뿐이었어요. 불행 중 다행이란 말이 있지요. 1970~1980년대 학생 운동·민주화 운동을 하다 취직을 못하거나 직장에서 쫓겨난 유능한 청년들 중에 출판사를 차린 사람이 꽤 있었어요. 이들이 리영희의 책을 내주고 글을 쓰게 해 주었어요.

리영희는 국내 정치 정세가 다소 풀리면서 1984년, 4년 만에 한양대학교에 복직됩니다. 하지만 기독교사회문제연구소가 주관한 '각급 학교 교과서 반통일적 내용 시정 연구회' 지도 사건으로 다시 구속되었다가 두 달 만에 석방되는 등 시련이 계속되었어요.

리영희가 59세이던 1987년 6월 항쟁이 일어났습니다. 전두환 군부 독재가 국민들에게 손을 들었지요.

이 해에 리영희는 미국 캘리포니아 주 버클리대학교 아시아학과 부교수로 임용되어 '한민족 현대정치사' 등을 강의했습니다. 이듬해 귀국한 그는 '현대사사료연구소' 이사장에 이어 〈한겨레신문〉이 창간되면서 이사 및 논설고문을 맡고, 광주민주화운동에 대한 미국의 책임 문제로 릴리 주한 미국 대사와 언론을 통한 지상 공개 논쟁을 벌입니다. 이어서 「남북한 전쟁 능력 비교 연구」 등 누구도 덤비기 어려운 주제의 연구를 통해 사회적으로 큰 반향을 일으켰습니다.

리영희의 고난은 그치지 않았어요. 노태우 정부는 〈한겨레신문〉이 창간 기념으로 방북 취재 기자단을 구성하여 북한에 보내려 한 일을 빌미로 다시 리영희를 구속했어요. 방북을 한 것도 아닌 '기획 단계'의 책임자 구속은 언론 탄압은 물론이거니와, 박정희·전두환·노태우로 이어지는 군부 독재의 공안 세력이 올곧은 지식인 리영희를 얼마나 증오하고 두려워했는지를 보여주는 사건이어요.

리영희는 국가보안법 위반 혐의로 구속 기소되어 제1심에서 징역 1년, 자격정지 1년, 집행유예 2년을 선고받고 160일 만에 석방되었습니다. 거듭되는 옥고로 건강이 많이 상했으나 굽히지 않고 저술에 열중하여 그 사이

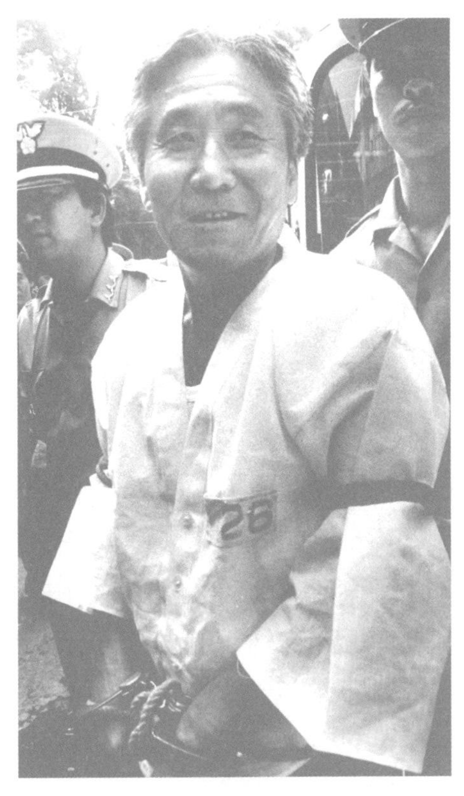

〈한겨레신문〉 방북 취재 사건으로 구속 기소된 리영희 논설고문이 첫 공판을 받기 위해 법정으로 가는 모습. ⓒ 경향신문사

에『분단을 넘어서』,『80년대의 국제정세와 한반도』,『베트남전쟁 : 30년 베트남전쟁의 전개와 종결』,『역설의 변증 : 통일과 전후세대와 나』,『역정, 나의 청년시대』,『새는 '좌·우'의 날개로 난다』,『전환시대의 논리』 등 주옥같은 저서를 속속 간행했습니다.

'우상'과 싸운 '이성'의 승리자

리영희는 2010년 82세를 일기로 고난에 찬 삶을 접었습니다. 그는 날카로운 언론인으로서, 유능한 대학 교수로서, 박학다식한 지식인으로서 얼마든지 편한 길을 걸을 수 있었음에도 독재에 저항하고 불의에 도전하면서 안일한 삶을 거부했습니다.

군부 독재와 반이성의 광기가 한국 사회를 지배하던 시대에 그는 깨어 있는 소수의 지식인으로서 우상과 싸웠습니다. 거대한 국가 폭력에 맞서는 싸움에서 번번이 감옥에 가고, 직장에서 쫓겨나고, 생계가 어려웠으나 지식인의 이성과 품위를 지켰어요.

리영희는 늘 말했어요. "오직 진실만이 내가 추구하는 가치다." 그는 진실을 찾고 이를 지키기 위해 고난과 시련을 피하지 않았지요. '우상'으로 상징되는 악의 무리들과 오직 '이성'이라는 한 자루 붓을 들고 대결하였습니다.

리영희는 이승만 독재로부터 3대에 걸친 군부 독재와, 그들의 하수인이 된 사이비 언론인, 어용 교수들과 싸우면서 치열한 논리와 명징한 이성의 비판 정신을 지켰어요. 그래서 '사상의 은사', '저항 지식인의 대명사', '살아 있는 시대정신'이라는 '가시면류관'이 헌정되었습니다. 비록 삶 자체는 고난과 궁핍의 연속이었으나, 생애는 한 점 흠결이 없는 순결한 지성인의 전범을 보였어요.

저(저자)는 『리영희 평전』을 쓰면서, 한 중국인 학자가 중국 혁명을 이끈 정신적 지도자 량치차오(양계초)의 사망을 맞아 쓴 다음의 조문을 인용한 바 있습니다.

지은 글은 키만큼 높았으니
당대의 젊은이들에게 물어보라
사숙하는 제자 얼마나 많은지
깨우치고 이끌어
동시대 영재들을 격동시켰으니
뒤 이을 인재 그 뉘인가.

해방과 저항의 시인 김남주

학우들에게 실망하여 광주일고를 자퇴

하이네·브레히트·아라공·마야코프스키·네루다를 좋아하고, 네루다와 브레히트의 시를 원서로 읽겠다면서 감옥에서 스페인어를 공부했던 시인. 이 땅의 노동자가 쉬는 날을 위하여 외아들의 이름을 김토일(金土日)이라고 지었던 노동 해방의 전사. 「사과꽃」과 「해운대 엘레지」를 애창곡으로 불렀던 순결한 시인. 아버지는 일자무식의 남의 집 머슴이었고, 어머니는 한쪽 눈이 먼 장애인, 농부의 아들로 태어나 서민들과 함께 산 서민의 시인. 햇수로 9년 3개월, 달수로 111개월을 0.75평 감옥에서 보내고 500편에 가까운 시들 중에 350편 정도를 감옥에서 쓴 사내. 그나마 지필묵이 허용되지 않아 우유곽이나 담배각의 은박지에 한 자 한 자, 피를 찍어 써야 했던 현대의 저항자, 김남주 시인.

김남주는 1945년 10월 16일 전남 해남군 삼산면 봉학리에서 아버지 김봉수와 어머니 문일님 사이에서 둘째 아들로 태어났습니다. 그는 무척 불우한 가정에서 태어났어요. 아버지는 남의 집 머슴이었고 어머니는 머슴살이 집 딸이었어요. 어머니는 한쪽 눈이 멀어 출가가 어려웠기 때문에,

아버지가 머슴 김봉수와 짝지어 주었답니다.

하지만 김남주의 아버지는 옹골차고 부지런하여 땅을 사서 자립하고 가정을 꾸렸습니다. 김남주는 1954년 삼산초등학교에 들어가 6년 동안 빠지지 않아 개근상과 우등상을 받고, 해남중학교에 입학하여 1963년에 졸업합니다. 광주고등학교에 시험을 쳤으나 낙방하고 1년 재수 끝에 광주제일고등학교(광주일고)에 합격했어요.

김남주가 광주일고에 진학할 당시, 5·16 군사 쿠데타 당시의 공약을 저버리고 민정에 참여하여 제5대 대통령에 취임한 박정희는 굴욕적인 한일회담과 베트남 파병을 추진하고 있었어요. 야당과 재야·학생들은 '대일굴욕외교 반대 범국민 투쟁위원회'를 결성하여 격렬한 반대 시위를 벌였습니다.

당시 장준하가 발행하는〈사상계〉는 굴욕 회담 반대의 이념적·이론적 지침서로서 대학생들과 성숙한 고등학생들의 필독서가 되었습니다. 김남주도 이 잡지를 열심히 읽었어요.

갓 일학년이던 김남주는 광주일고도 시위에 동참하게 하려고 백방으로 노력하였어요. 하지만 당시 학생들은 그저 일류 대학 진학에만 몰두하여 뒷짐만 지고 움직이지 않았어요. 그 바람에 김남주는 명색이 일제시대 광주 학생 운동의 선봉대였던 광주고등보통학교에 뿌리를 둔 광주일고가 그 모양이라는 데 지독한 배신감을 느꼈지요. 그래서 여름방학 이후부터 학교에 나가지 않았어요.

대단히 조숙하고 시대정신이 강했던 김남주는 광주일고 학생들의 태도에 크게 실망하고, 아울러 획일적인 입시 위주의 교육에 반발하여 학교를 자퇴하였어요. 교사들이 친구들을 시켜 학교에 나오길 재촉하였으나 그는 끝내 응하지 않았습니다. 광주일고와는 영영 결별한 것이지요.

전사 시인의 단련기였던 대학 시절

굴욕적인 한일 회담에 대한 반대 운동을 비상계엄령을 선포하여 진압하고, 야당의 불참 속에 한일 협정 비준안과 전투 사단 베트남 파병안을 변칙적으로 처리한 박정희는 다시 관권 선거를 통해 제6대 대통령에 당선되었습니다. 그리고 대통령 3선 개헌의 전초전인 제7대 국회의원 선거에서 공공연한 부정 선거를 감행하여 국회 과반 의석을 획득하였어요.

야당이 선거 무효를 선언하고, 전국 대학과 고등학교에서 규탄 시위가 발생했습니다. 그러자 박정희는 전국 28개 대학과 57개 고등학교에 휴교령을 내렸습니다. 부정 선거로 정권을 연장하고 이를 비판하는 학생들의 시위를 막기 위해 휴교령으로 교문을 닫는 야만성을 서슴없이 드러낸 것이지요.

이 무렵 김남주는 〈사상계〉와 1966년 1월에 창간한 계간 〈창작과 비평〉을 탐독하는 한편 대입 검정고시를 준비하였어요. 그리고 25세 때인 1969년 검정고시를 거쳐 전남대학교 문리대학 영문과에 입학하여 늦깎이 대학생이 되었습니다. 원래는 서울대학교를 지원했으나 낙방하고 전남대에 들어간 것이지요.

만약 그때 서울대에 합격했다면 아버지의 간절한 소망이었던 관리의 길에 들어서게 되었을지 모를 일이지요. 아마도 운명의 여신은 그를 투사의 길로 인도한 것 같습니다.

김남주가 대학 생활을 시작할 때, 박정희는 헌법을 개정하여 3선의 길을 여는 등 본격적인 독재자의 길로 들어섰습니다. 국회에서 개헌안을 변칙적으로 처리하고 관권을 총동원하여 국민투표를 요식행위로 치렀어요. 개헌을 반대하는 야당과 학생들을 물리력으로 제압하고, 대학생들을 군사 교련으로 묶는 등 폭력성을 발휘했어요.

김남주는 전남대 1학년 때부터 3선 개헌 반대 운동과 교련 반대 운동에 참여합니다. 꿈 많고 정서적이었던 영문학도를 반정부 저항 운동의 리더로 만든 것은 박정희의 장기 집권 야망과 그가 조성한 시대의 폭압성 때문이었어요.

김남주의 대학 시절은 '혁명적 민중 시인' 또는 '전사 시인'으로의 단련 기간이었어요. 학우들이 입신출세 또는 취업을 위한 공부에 매달려 있을 때, 그는 민중을 괴롭히고 수탈하는 제국주의 세력과, 이에 맞서 싸우는 사람들에게 관심과 애정을 갖고 파고들었어요.

김남주는 광주 시내 고서점을 샅샅이 뒤져 마음에 드는 책을 사서 밤새워 읽는 등 지식의 허기를 채우곤 했어요. 고교 때보다 문학에 흥미를 더욱 강력히 느낀 그는 특히 러시아 문학에 심취해 고리키, 고골리 등의 소설을 즐겨 읽었지요.

대학 시절 김남주의 독서 범위는 대단히 넓었습니다. 영어와 일어, 중국어에 소양이 있어서 원서로 읽은 책도 적지 않았지요. 그런 과정에서 네루다, 네크라소프, 브레히트, 아라공, 마야코프스키, 푸시킨 등의 저서와 만나고 사귀게 되었어요.

지하 신문 〈함성〉을 만들다

김남주가 대학 시절에 접한 작가 중 시인으로서나 실천가로서 많은 영향을 받은 대표적인 인물은 칠레의 민중시인 파블로 네루다였습니다. 네루다는 노벨 문학상을 받은 작가이기도 했지만, 그의 진면목은 저항 시인으로서 민족 해방 운동의 지도자라는 점입니다.

1972년 7월 4일 박정희 정권은 돌연 남북 공동 성명을 발표하여 통일의 분위기를 띄우고 국민의 관심을 모으는 듯 했어요. 하지만 10월 17일 돌연 군부대를 동원하여 비상계엄령을 선포하고 국회를 해산하는 한편 전국 대학에 휴교령을 내렸어요. 3선 개헌으로 제7대 대통령에 취임한 지 1년여 만에 다시 헌정을 뒤엎는 폭거를 감행한 것입니다.

유신 쿠데타는 대학생 김남주의 생을 송두리째 바꿔 놓았어요. 당시 김남주는 휴교령으로 고향에 와 있다가 유신 쿠데타 소식을 들었습니다. 그는 10월 18일 서둘러 광주로 올라왔어요. 그리고 친구 이강과 함께 유신 체제를 반대하는 운동을 전개하기로 뜻을 모았습니다.

김남주는 이강과 의지를 다지고 정신력을 강화하기 위하여 우선 녹두장군 전봉준 유적지를 찾기로 했어요. 김남주는 인간 전봉준을 무척 사모하고, 그의 저항 정신과 투쟁을 흠모했어요. 뒷날 '남조선민족해방전선'(남민전)에 기꺼이 참여한 것은 전봉준이 미처 이루지 못한 민족·민중 해방을 위한 투신이었어요.

김남주와 이강이 주도한, 유신 선포 이후 대학가의 첫 '봉기'는 전봉준의 동학농민혁명 정신으로 시작되었습니다. 맨손으로 궐기한 전봉준이 사발통문을 통해 농민들을 동원했듯이, 두 사람은 지하 신문 〈함성〉을 제작하여 학생들을 궐기시키고자 했지요. 하지만 곧 체포되어 심한 고문을 당하고 옥살이를 하다가 1년여 만인 1973년 연말에 석방되었어요.

〈함성〉지 사건으로 학교에서 제적된 김남주는 고향으로 돌아와 「진혼가」, 「잿더미」 등 8편의 시를 〈창작과 비평〉에 투고하였습니다. 이 시들은 1974년 여름호에 실렸어요. 시인으로 '등단'한 것입니다.

시인으로 등단한 김남주는 시인으로서가 아니라 투사로서의 시를 쓰고자 했습니다. 그리고 유신 체제를 타도하는 전사가 되고자 했어요. 그는 시를 혁명의 수단이라고 생각하였습니다.

> 시인은 혁명 투쟁에 몸소 참가함으로써 가장 잘 혁명적인 시를 쓸 수 있는 것입니다. 시인이 혁명 투쟁에 깊이 관여하면 할수록 그가 쓰는 시도 그만큼 깊이가 있을 것이고 폭넓게 참가하면 할수록 그만

큼 그가 쓴 시도 폭넓어지리라는 것입니다.

김남주는 1975년 생계 수단으로 광주에 사회과학서점 '카프카'를 개설합니다. 그러나 시인과 '사업'은 잘 어울리지 않았어요. 더욱이 그는 정보기관의 감시 대상이었지요. 서점은 동지들의 모임 장소 역할을 하다가 얼마 후 문을 닫았어요.

그뒤 김남주는 민족 해방과 유신 정권 타도를 목적으로 조직된 남민전에 참여했다가 구속되어 1979년 12월에 15년 형을 선고받았어요. 그리고 옥중에서 같은 조직원이었던 박광숙의 구애를 받고, 10년 후 출옥하여 결혼합니다. 그는 10년 동안 감옥에서 많은 저항시를 썼고, 박광숙의 따뜻한 옥바라지와 사랑을 받으면서 장기수의 고통을 견뎌냈습니다.

민주사회장으로 열린 김남주의 장례식 현장. ⓒ 경향신문사

10년 만의 석방, 50세로 운명

민주화가 진척되면서 국내외 문인들의 김남주 석방 운동이 전개되었습니다. 김남주는 1988년 연말에 형 집행 정지로 풀려납니다. 석방된 후에도 그는 조금도 굴하지 않고 저항시를 쓰고 강연을 하면서 노태우 정권과 맞섭니다. 그리고 진보적인 문인 단체와 '문학 기행'을 다녔어요.

김남주는 아들을 낳고 짧은 기간이나마 행복한 시간을 보냈습니다. 그러나 그러한 행복은 잠시뿐이었어요. 장기간 복역으로 몸이 망가진 김남주는 흰 눈이 쏟아지던 1994년 2월 13일 새벽 50세로 눈을 감았습니다.

김남주의 영결식은 민주사회장으로 치러졌고, 광주 망월동 5·18 묘역에 안장되었습니다. 문학평론가 염무웅은 김남주의 죽음을 맞아 다음과 같은 추념사를 남겼습니다.

> 그는 끝내 어떤 타협주의나 거짓된 해답에 기울지 않았다. 그의 생애도 문학도 미완의 것으로 남긴 채 떠난 것처럼 보이지만, 바로 그 미완성에 의해 그가 최대의 진정함을 쟁취했다는 것, 그럼으로써 늘 새로운 영감의 원천이 되고 있다는 것이야말로 그가 여전히 우리 곁에 살아있는 이유다.

2부. 지금 이 자리에서 민주주의를

참교육의 실천가 윤영규

지독하게 어려운 환경에서 태어나다

1980년대 들어 교육 현장에서 '교육 민주화운동'을 전개해온 일선 교사들이 있었습니다. 이들은 민족·민주·인간화 교육을 목표로 하는 '참교육' 운동을 벌였지요.

일선 교사들은 정치권력이 교사들을 독재 체제의 하수인 또는 입시 교육 기술자로 전락시켜왔으며, 이를 시정하기 위해서는 노동조합의 결성이 필요하다는 인식을 공유합니다. 그리고 1989년 5월 28일 초·중·고·대학 교직원들의 전국 단일 노동조합 조직으로 '전국교직원노동조합'(전교조)이 결성되었지요.

당시 노태우 정권은 전교조 결성을 탄압했지만, 교사들은 경찰의 철통 같은 원천 봉쇄를 뚫고 신촌 연세대학교에서 어렵게 창립 대회를 열었어요. 1961년 5·16 군사 쿠데타로 '한국교원노조'가 붕괴된 지 28년 만에 참교육을 바라는 국민의 기대와 교사들의 노력으로 전교조가 결성된 것입니다.

전교조의 조직과 운영 그리고 참교육 실천에 앞장선 인물이 윤영규입니다. 그는 1935년 10월 10일 광주광역시 금동시장 입구에서 아버지 윤석구와 어머니 박덕선의 4남 1여 중 셋째 아들로 태어났어요. 손위의 형과 누이는 돌도 되기 전에 죽었고, 쌍둥이 동생도 5세를 못 넘기고 병사하여, 윤영규는 6대 독자가 되었지요.

할아버지 때까지는 잘 살았으나 일찍 돌아가시고 청상과부가 된 할머니 밑에서 아버지가 가산을 탕진하여, 남의 집 셋방살이도 어려운 처지에서 윤영규는 자라납니다. 아버지는 할아버지가 남긴 재산을 술과 도박, 외도로 날려버리고, 어머니가 노동을 하여 번 생활비까지 탕진했어요. 이 때문에 윤영규 모자는 극도의 어려움을 겪어야 했지요.

윤영규가 태어나고 자랄 때는 일제 강점기였지요. 생활력이 강인했던 어머니는 일본 사람 집에서 식모살이와 품팔이를 하면서 아들을 양육합니다. 하지만 하루 두 끼를 먹는 날이 많지 않을 만큼 생계가 어려웠지요.

취학 연령이 되자 윤영규는 광주 학강초등학교에 입학하지만 오래가지 못합니다. 아버지가 일제의 징용을 피해 전라남도 화순탄광으로 들어가면서 가족도 함께 따라 갔어요. 그래서 그는 학강초등학교 2학년을 중퇴하고, 해방 후에야 학업을 계속 할 수 있었답니다.

아버지가 처음으로 직업을 갖게 되었으나 가족의 생계는 광주에서보다 더 어려웠어요. 아버지가 여전히 가족의 생계를 소홀히 했기 때문이었지요. 어린 윤영규는 뒷산에 올라가 칡뿌리와 찔레 순, 소나무 속껍질을 벗겨 먹으면서 허기를 달랬답니다.

1946년 2월 가족은 광주로 돌아왔어요. 윤영규는 광주 중앙초등학교 2학년에 편입했어요. 한글부터 새로 배워야 했답니다. 3학년이 되면서 한 학년을 월반하여 공부를 하는 한편 신문 배달, 우유 배달을 하면서 생활비와 학비를 벌었어요. 이렇게 시작한 고학은 대학 시절까지 이어집니다. 힘겨운 젊은 날이었어요.

돈벌이가 시원찮을 때는 월사금을 내지 못해 교실에서 쫓겨나고 벌을 서기도 하면서 간신히 초등학교를 졸업했어요. 그러나 중학교 진학은 꿈도 꾸기 어려워서 자동차 서비스 공장에 들어가 노동을 하며 생계를 해결합니다.

그 무렵 어머니가 누룩을 만들어 팔았는데, 다행히 장사가 잘 되어 전라남도 광산군에 약간의 땅을 샀어요. 그런데 아버지가 이마저 노름으로 몽땅 날려 버렸어요. 윤영규는 자동차 서비스 공장에서 돈이 모이자 광주서중학교에 입학했습니다. 하지만 2학년 때 6·25 전쟁이 일어났지요. 가족과 함께 아버지의 고향인 광산군으로 피난합니다.

고학으로 다니다 말다 한 학교생활

모진 가난과 아버지의 학대로 어머니까지 기력을 잃어 장사를 못하게 되자 윤영규는 가족의 생계를 도맡아야 했답니다. 어머니가 하시던 풀빵을 만들어 팔았어요. 어머니가 몸져누우면서 셋방에서도 쫓겨나 광주천변에 거적을 덮은 한 칸짜리 움막을 짓고 살게 되었어요. 윤영규는 풀빵을 만들고 시간이 남으면 구두통을 메고 거리를 누빕니다. 공부를 할 틈이 없었지요. 그래도 절망하지 않고 꿋꿋하게 살아갑니다.

윤영규는 장학 제도가 있는 광주고등학교 입시에 실패하고 숭인고등학교 야간부에 1등으로 들어갑니다. 친구들이 보태준 등록금으로 2개월을 공부하다가, 납부금을 내지 못하여 광주 성경고등학교로 전학합니다. 등록금을 내지 못해서 택한 것이었지만, 이 학교도 1년 만에 중퇴하고 말지요.

윤영규는 21세가 되는 1955년에 한국신학대학(한신대)에 합격합니다. 고등학교 졸업장이 없어서 정규 4년제 대학 대신 한신대를 택한 것이지요. 4 대 1의 경쟁률을 뚫고 합격했으나 납부금이 모자라 등록을 포기할 수밖에 없었습니다. 다행히 교회 선배의 주선으로 미8군 소속 부대의 구두닦이로 들어갔어요. 하지만 일거리가 많지 않아서 굶는 날이 더 많았고, 그나마 8개월 만에 쫓겨납니다.

광주로 내려온 윤영규는 충장로의 광명당 서점의 점원으로 들어가 6개월 동안 일해 마련한 돈으로 1956년 다시 한신대에 응시하여 재입학을 합니다. 이 대학은 각 학년마다 5등 안에 드는 학생에게 성적 장학금을 주었는데, 그는 4년 내내 장학금을 받았답니다. 생활비는 이것저것 닥치는 대로 노동으로 해결하였어요.

고학이 갈수록 어려워지자 윤영규는 군 입대를 지원합니다. 6대 독자라 면제가 가능했으나 일반병으로 지원을 하였지요. 광주 상무대로 배치되면 쉬는 날 아르바이트를 해서 가족을 부양하려는 생각이었답니다. 하지만 강원도 철원의 최전방 수색중대로 배속되고 말았지요.

어머니의 병세가 악화되고 있다는 소식을 들은 윤영규는 1년 2개월 만에 의가사 제대를 신청하고, 제대를 합니다. 6대 독자였기에 가능했지요.

4·19 혁명에 참여하다

이승만 대통령은 각종 불법을 동원하여 헌법을 고치고, 1960년 3월 네 번째 대통령 선거에 출마합니다. 3월 15일 치른 대통령 선거는 사상 초유의 부정 선거였지요. 대구의 고등학생으로부터 시작하여 마산의 시민·학생들의 부정 선거 규탄 시위로 이어진 시위는 광주·전주·대전을 거쳐 서울에까지 이르렀습니다.

당시 윤영규는 한신대 4학년으로 과 대표 겸 대의원 대회 회장이었어요. 4월 16일 그는 학우들과 함께 교문을 박차고 나오려 했지만, 교수들의 제지로 결국 시내 진출이 좌절되었어요. 윤영규는 그때 교수들만 아니었으면 4월 18일의 고대생들보다 이틀이 빨랐을 것이라고 두고두고 아쉬워하였지요.

윤영규는 4월 19일부터 연일 광화문까지 나가 부정 선거 규탄 시위를 벌였습니다. 4월 26일 이승만의 하야 소식을 듣고는 학생들을 모아 수습 데모를 주도했지요. 그리고 을지로 입구 등에서 교통정리를 하며 혁명으로 혼란해진 질서를 회복하는 데 노력했답니다.

1961년 5·16 쿠데타가 일어나고 병역을 마치지 않은 교사들이 대량 파면되면서 윤영규는 목포 영흥고등학교의 요청으로 교사 생활을 시작합니다. 교직에 몸을 담게 된 것이지요. 신학과를 졸업하여 윤리 과목을 맡아야 했지만, 학교 측에서 영어 과목을 맡겨 영어 교사가 되었어요.

하지만 이렇게 시작한 교사 생활도 파란곡절의 연속이었습니다. 부임 3개월 만에 재단 분규에 휘말려 쫓겨난 것이지요. 윤영규는 다시 실업자가 되었고, 각종 노동을 하면서 지내야 했습니다. 그 생활이 너무나 견디기가 어려워 그는 두 차례나 음독자살을 시도했답니다.

윤영규는 1965년 숭문학원 야간부 강의와 캐나다연합교회 한국선교부 광주사무소에서 일을 하면서 모처럼 안정된 생활을 하게 되었습니다. 이때 우체국에 다니던 이귀임을 만나 결혼을 하지요. 그리고 1967년에는 광주상업고등학교(광주상고)에 부임하여 10년 동안 교사로 지냅니다. 이 기간이 그에게는 가장 안정되고 평화로운 시절이었지요.

1972년 박정희의 유신 체제는 윤영규에게도 생애의 변환점이 됩니다. 1976년 2월 광주상고 교감 선생이 중앙정보부에 엉뚱한 내용을 밀고하여 17일간 조사를 받고 요주의 인물로 찍혀 감시를 당하게 되었어요. 박정희 정권의 지역 차별 정책을 비판한 것이 사달이 된 것입니다. 이후 그는 감옥을 이웃집 드나들 듯 하는 고난의 세월을 맞게 됩니다.

윤영규는 1979년 12월 광주 YMCA 사건으로 4개월을 경찰서 유치장에서 보냅니다. 1980년 5월 전두환이 광주 시민을 무차별 학살할 때는 수습위원으로 활동합니다. 하지만 이 때문에 6월 19일 군인들에게 끌려가 12

월 30일 군사재판에서 3년 징역에 집행유예 5년을 받고 풀려납니다. 학교에서는 해직이 되었지요.

전교조 창립의 산모 역할을 하다

윤영규는 학교에서 쫓겨나자 1981년 한신대 신학대학원에 진학하여, 1983년에 졸업합니다. 그 사이 1982년 2월 10일 광주 YMCA 중등교사협의회가 구성되고, 3월에 전국적인 YMCA 중등교사협의회가 결성되었어요. 윤영규는 이 모임에 주도적으로 참여합니다.

1983년 8월에 복권된 윤영규는 나주중학교에 발령을 받고 3년여 동안 근무합니다. 그리고 1986년 YMCA 중등교사협의회 제3대 회장으로 선출되었어요. 하지만 '5·10 교육 민주화 선언' 사건으로 감봉 처분 및 전출 발령을 받습니다. 그는 이에 항의하는 농성을 벌이다가 구속되어 이듬해 8월 고등법원에서 선고유예 판결을 받고 풀려납니다. 이 세 번째 해직 때에는 1년 만에 복권이 되었지요.

1987년의 6월 항쟁은 교육계에도 큰 변화의 물결을 불러왔어요. 이 해 8월 민주교육추진전국교사협의회(전교협) 준비위원회가 발족된 데 이어, 9월 28일 전교협이 창립되었지요.

윤영규는 초대 회장으로 선임되고 제2대 회장도 연임합니다. 그리고 1989년 5월 28일 전교조가 정식으로 창립되면서 초대 위원장에 선임되었어요. 윤영규는 전교조의 산모이고 리더였지요.

하지만 전교조 위원장 자리는 바로 감옥으로 가는 티켓이 되었습니다. 영광보다는 고난의 면류관이었어요. 전두환 군부 독재의 후계자인 노태우 정권은 전교조를 적대시하고 갖은 이유를 달아 탄압을 했지요. 창립된 지 11일 만인 6월 9일 윤영규는 집시법 위반, 불법 간행물 간행, 국가공무원법 위반 등의 혐의로 다시 구속됩니다.

양심적인 교사들의 '참교육' 운동을 정부와 족벌 신문들은 좌경 사상으로 매도하고, 교육당국은 색안경을 끼고 참교육의 대의를 왜곡했습니다.

전교조가 내건 참교육의 목표는 다음과 같았어요.

인간화 교육

1. 사랑과 믿음과 나눔의 생활
2. 더불어 사는 즐거운 삶
3. 점수보다 사람됨을 중시
4. 인간을 존중하는 생활

민주 교육

1. 민주주의 올바로 알기
2. 민주적 생활 태도 실천하기
3. 민주적인 학교생활, 학생회 활동
4. 자율적으로 생각·행동하기

민족 교육

1. 우리나라 우리 민족 사랑하기
2. 민족적 자부심과 주체성 갖기
3. 조국의 평화적 통일을 위한 노력
4. 우리 역사 바로 알기

법정에 나온 윤영규.
ⓒ 경향신문사

전교조는 참교육을 실현하는 7가지 방안을 제시했지요.

1. 과중한 사교육비 부담을 줄이고 중학교까지 실질적인 무상 의무 교육 실시
2. 교육 재정을 대폭 확충하여 교육 여건의 획기적인 개선
3. 이기적인 출세를 목표로 삼는 살인적인 입시 경쟁 교육을 전인 교육으로 대체
4. 헌법에 명시된 교육의 자주성, 전문성, 정치적 보장
5. 교사의 자주적인 단결권 등 시민적 기본권 보장

6. 민주적인 학생 자치 활동을 활성화하여 자율성 육성
7. 돈 봉투를 주지도 말고 받지도 말아, 건강한 교사-학부모 관계 정립

누가 봐도 교육계가 실행해야 할 교육 혁신의 과제들이었지요. 하지만 보수 세력은 교사들의 자율적인 민주 교육 이념과 실행 지침을 용공으로 몰았답니다.

윤영규는 구속된 지 1년 1개월 만에 출감하여 전교조 총회에서 91%의 지지로 제2대 위원장에 선출되었어요. 또 1991년 1월 제3대 위원장 선거에서도 전폭적인 지지로 당선되었어요. 전교조의 산모 역할을 하고 육성하였으며, 그와 관련하여 고난을 당하면서도 조금도 굴하지 않고 당당하게 투쟁하는 데 대한 회원들의 지지가 있었던 것입니다.

윤영규는 전교조 위원장의 역할을 수행하면서 한국 사회 전반의 민주화운동에도 깊숙이 참여하였어요. 1990년 민주쟁취국민연합 상임공동의장, 1991년 강경대 열사 살인 규탄 및 공안정국 타파를 위한 전 국민 대책협의회 상임공동의장, 1994년 5·18 정신 함양 및 범국민 대책위원회 전국공동위원장, 1995년 광주광역시 교육위원 등을 맡았습니다.

교사를 가르친 교사

전교조의 합법화를 위한 줄기찬 투쟁은 1998년 마침내 열매를 맺었습니다. 50년 만에 처음으로 수평적인 정권 교체가 이루어지고, 전교조 운동에 호의적이었던 김대중 정부가 들어서면서, 창립 11년 만에 전교조의 합법성을 인정한 것입니다.

전교조가 합법성을 인정받으면서 윤영규는 광주 충장중학교에 복직하

게 되었어요. 그것도 역시 11년 만에 일입니다. 그리고 이듬해인 1999년 광주 충장중학교에서 정년을 맞고, 힘겨웠던 전교조 위원장직에서도 벗어났어요.

정년퇴임 후에도 윤영규의 활동은 여러 분야에서 계속되었어요. 2000년 광주 5·18기념재단 이사장, 2001년 동아시아 평화·인권 한국위원회 공동의장, 2005년 전교조 자문위원 등을 지내면서 그간의 경험과 경륜을 유감없이 발휘하였지요.

윤영규는 2005년 3월 31일 자택에서 심장마비로 쓰러졌습니다. 만 70세, 그동안 거듭된 옥고와 탄압으로 축적된 스트레스를 이기지 못하고, 유언 한마디 남기지 못한 채 운명한 것입니다. 장례는 4월 4일 '민주사회장'으로 치러졌고, 윤영규는 국립 5·18 민주 묘지에 안장되었습니다.

교우들이 윤영규에게 지어준 별명이 있었지요. "옆에서 서둘러 주는 사람"이란 의미의 '서둘'이었답니다. "이끄는 사람보다는 서둘이가 되겠다."라는 그의 봉사와 헌신이 독재 세력의 모진 탄압 속에서도 전교조가 합법성을 쟁취하고, 참교육 운동이 뿌리내릴 수 있게 한 것입니다.

노동 운동의 선구자 전태일

아버지의 사업 실패로 생활 전선에 나서다

신념과 사회 정의 또는 국가와 민족을 위해 자신의 모든 것을 던지는 일은 쉽지 않습니다. 생명까지 바치기는 더욱 어렵지요. 그런데 역사에는 가끔 이런 분들이 나타나곤 했지요. 중국의 역사가 사마천은 "어떤 죽음은 태산과 같이 무겁고, 어떤 죽음은 홍모처럼 가볍다."라는 말을 남겼습니다. 한국 현대사는 유달리 의인·열사들의 죽음과 죽임이 많았어요. 이들의 죽음이 민주화와 노동 운동의 초석이 되었습니다.

1970년 11월 13일 오후 1시 30분경, 한 청년이 전신에 뿌린 휘발유에 불에 붙이고 "내 죽음을 헛되이 말라."라고 절규하면서 쓰러졌습니다. 주위에 많은 사람이 있었지만 워낙 순식간의 일이라 아무도 덤벼들어 불을 끄지 못했습니다. 전신에 치명적인 화상을 입은 청년은 병원에 실려 갔으나 끝내 회생하지 못한 채 사망하였어요.

청년의 분신은 한 무명 노동자의 죽음이었지만, 이후 한국 사회에 미친 파장은 가히 태풍 급이었습니다. 독재 정권이 재벌을 키워주고, 악덕 기업은 권력과 결탁하면서 노동자들을 착취하는 먹이 사슬 구조에서 터져 나온 저항의 불꽃이었지요. 그의 죽음으로 인해 잠자던 노동자들이 깨어나고, 현대적인 노동 운동의 전기가 마련되었습니다.

청년의 이름은 전태일, 1948년 8월 26일 대구에서 아버지 전상수와 어머니 이소선 사이에서 태어났어요. 6·25 전쟁이 발발하면서 부산으로 피난을 갔으나 봉제 기술자였던 아버지의 파산으로 1954년 가족이 모두 서울로 올라 왔답니다.

전태일은 가난 때문에 정규 교육을 거의 받지 못했어요. 남대문초등학교 4학년에 다닐 때 학생복을 제조하여 납품하던 아버지가 사기를 당하여 큰 빚을 지는 바람에 학교를 그만둬야 했습니다. 이후 그는 가족의 생계를 돕기 위해 동대문시장에서 물건을 떼어다 파는 행상을 시작했습니다. 또 껌팔이, 신문팔이, 구두닦이 등을 하면서 가족의 생활비를 보탰답니다.

전태일은 17세 때 학생복을 만들던 청계천 평화시장의 삼일사에 보조원으로 취직하였어요. 일찍이 아버지에게서 재봉 일을 배웠던 전태일은 기술을 빨리 익혀서 1966년에는 재봉틀을 다루는 재봉사가 되어 통일사라는 작은 공장으로 직장을 옮겼어요. 이 무렵에는 빚 때문에 뿔뿔이 흩어졌던 가족도 다시 모여 함께 살 수 있게 되었습니다.

하루 15시간씩 중노동에 시달려

당시 전태일이 일하던 청계천의 평화시장은 인근의 동화시장, 통일상가 등과 함께 의류 상가와 제조업체가 모여 있는 곳이었어요. 좁은 공간에 다락을 만들어 노동자들을 밀집시켜서 일을 시키다보니 노동 환경이 매우 열악했답니다. 노동자들은 햇볕도 비추지 않는 좁은 다락방에서 어두운 형광등 불빛에 의존해 하루 14시간씩 일을 했습니다. 공장은 허리를 펼 수도 없었고, 화장실도 자유롭게 다닐 수 없는 감옥 아닌 감옥이었지요.

환기 장치가 없어서 폐질환에 시달리는 노동자들이 많았답니다. 이들은 대부분 여성이었는데, 특히 '시다'라고 불린 보조원들은 13~17세의 어린 소녀들로서 초과 근무 수당도 받지 못한 채 극심한 장시간 저임금 노동에 시달리고 있었습니다.

전태일은 자신도 가난에 시달리면서도 주변 사람들의 어려움을 외면하지 않았습니다. 어린 여성 노동자들이 열악한 노동 환경에 시달리는 것을 보면서 노동 운동에 관심을 갖기 시작했지요. 함께 일하던 여성 노동자가 폐결핵에 걸린 상태에서 해고되자 그를 도우려고 애쓰다가 자신도 해고되기도 했습니다. 평소에도 전태일은 적은 월급을 쪼개어 자기보다 더 어려운 친구들을 도와주었어요. 동료 노동자들의 노동 환경을 개선하려는 노력을 멈추지 않았죠.

1968년 근로기준법의 존재를 알게 된 전태일은 있는 법조차 지켜지지 않는 현실을 개선해야 한다는 의지를 더욱 다지게 되었어요.

1969년 6월 전태일은 동료 노동자들과 함께 '바보회'에 이어 '삼동 친목회'를 만들어 열악한 노동 조건을 개선하기 위해 노력합니다. 직접 노동자들에게 설문 조사를 실시하여 평화시장의 노동 환경을 조사하고, 인근 노동자들에게 근로기준법의 내용을 알렸습니다. 그러나 이런 사실이 사업주들에게 전해지면서 전태일은 해고되었고 평화시장에서 일할 수 없게 되었습니다.

전태일은 한동안 여기저기에서 막노동을 하며 지냈어요. 1970년 9월 평화시장으로 돌아온 전태일은 '삼동회'를 조직했습니다. 그리고 다시 열악한 노동 환경을 조사하는 설문지를 돌리는 한편, 노동청·서울시·청와대 등에 진정서를 제출했어요.

이러한 내용이 한 신문에 실려 사회적 주목을 받자 '삼동회' 회원들은 노동 환경 개선과 노동조합 결성을 위해 사업주 대표들과 협의를 벌이려

평화시장에서 시다로 갓 취직했을 때 미싱 보조들과 함께 있는 전태일 (뒷줄 왼쪽에서 세 번째).
ⓒ 전태일재단

하였습니다. 그러나 행정 기관과 사업주들의 조직적인 방해로 이러한 시도는 무산되고 말았습니다.

휘발유 뿌리고 분신 자결

전태일과 '삼동회' 회원들은 1970년 11월 13일 평화시장 앞에서 근로기준법 화형식을 벌여 근로기준법에 적혀 있는 노동자의 권리가 제대로 보호받지 못하는 현실을 고발하기로 했어요. 하지만 경찰의 방해로 시위가 무산되려는 상황에 놓이자 전태일은 자신의 몸에 휘발유를 뿌리고 불을 붙인 채 "근로기준법을 준수하라! 우리는 기계가 아니다!"라는 구호를 외쳤습니다. 자신의 희생을 통해 인간 이하의 노동 환경에서 착취를 당하고 있는 힘없는 노동자들을 구하고자 한 것이었어요.

병원에 실려 간 전태일은 어머니에게 "어머니, 나는 만인을 위해 죽습니다. 이 세상의 어두운 곳에서 버림 받는 목숨들, 불쌍한 근로자들을 위해 죽어가는 나에게 반드시 하나님의 은총이 있을 것입니다. 어머니, 조금도 슬퍼하지 마세요.", "내가 못다 이룬 일을 어머니가 대신 이뤄주세요."라는 유언을 남겼습니다. 그리고 달려온 친구들에게 "우리가 하려던 일, 내가 죽고 나서도 꼭 이루어주게. 아무리 어렵더라도 절대로 포기해서는 안 되네."라는 유언을 남겼습니다.

전태일은 그날 23세의 나이로 세상을 떠났습니다. 장례식은 11월 18일 노동단체장으로 엄수되었고, 그는 경기도 마석의 모란공원에 안장되었습니다. 어머니 이소선은 아들의 유언에 따라 죽을 때까지 '노동자의 어머니'가 되었어요.

박정희 식 '선 성장 후 분배'의 논리에 입각한 고도 성장 정책의 해독과 일선 노동자들의 참상을 정면으로 고발한 전태일 분신 사건은 1970년대 이후 한국 노동자 사회의 핵심적인 이데올로기가 되었습니다. 노동자들뿐만 아니라 지식인·종교인·대학생들이 시대의식에 눈을 뜨게 하는 계기가 되었죠.

전태일(全泰壹)은 자신의 몸을 던져 "모두가 크게 하나 된다."라는 한자 이름대로 노동자들의 영원한 친구가 되었습니다. 그의 죽음은 1970년 11월 27일, 1970년대 최초의 민주 노조인 청계피복노동조합이 탄생되는 직접적인 배경이 되었습니다. 또한 이후 각 분야에서 노동조합이 설립되고, 노동 운동이 전개되는 계기를 만들었습니다.

고된 삶, 틈틈이 쓴 일기

전태일은 비록 불우한 환경에서 정규 교육은 받지 못했으나, 양심과 정의, 진실의 가치를 알고 이웃의 어려움을 외면하지 않으면서 자기의 희생을 통해 노동자들의 영원한 벗이 되고자 했습니다. 그는 하루 15시간이 넘는 고된 노동 속에서도 독서와 일기 쓰기를 게을리하지 않았어요. 그가 쓴 일기는 많이 파손되고 유실되었지만, 다행히 평화시장에서 일하면서 쓴 일기는 상당 부분 남아 있습니다.

전태일이 힘든 나날 속에서도 틈틈이 쓴 일기 몇 대목을 살펴볼까요. 먼저 부산에서 서울로 올라와 구두닦이를 할 때 쓴 글입니다.

> 태양은 마른 대지 위의 그 무엇이라도 태워버릴 것 같이 이글거린다. 14살의 한 소년이 허기진 배를 달래면서 어느 양화점의 쇼윈도 그늘진 곳에서 잠시 갈증 나는 더위를 피하고 있다.
>
> 소년은 누구에게도 무엇에도 반항함이 없이 생각한다. 아, 무엇이 그렇게 재미 있길래 전부가 다 행복한 얼굴들일까? 나는 왜 이렇게 배가 고파야 하고, 항상 괴로운 몸, 그리고 떨어진 신발에 남이 입다 버린 계절에 맞지도 않는 헌 때뭉치 옷을 입어야 할까?

다음은 자신의 점심값으로 어린 여공들에게 풀빵을 사 먹일 때의 일기입니다.

> 끝 날이 인생의 종점이겠지. 정말 하루하루가 못 견디게 괴로움의 연속이다. 아침 8시부터 저녁 11시까지 하루 15시간을 칼질과 다리미질을 하며 지내야 하는 괴로움, 허리가 결리고 손바닥이 부르터 피가 나고, 손목과 다리가 조금도 쉬지 않고 아프니 정말 죽고 싶다.

……

미싱 6대에 '시다'가 여섯 명, 그 사람들이 할 걸 나 혼자서 다 해주어야 하니, 다른 집 같으면 재단사·보조·시아게(끝손질) 잘 하는 사람 3명이 해야 할 일을 나 혼자 하니 정말 고통이 이만저만이 아니다. 언제나 이 괴로움이 다 없어지나.

바보회를 결성하면서 '바보회'라는 명칭을 붙이게 된 이유를 적은 일기입니다.

우리는 당당하게 인간적인 대접을 받으며 살 권리가 있는데도 불구하고, 여태껏 기계 취급을 받으며 업주들에게 부당한 학대를 받으면서도 바보처럼 찍 소리 한 번 못하고 살아왔다. 그러니 우리 재단사들의 모임은 바보들의 모임이다. 이것을 우리가 철저하게 깨달아야 하며 그래야만 언젠가는 우리도 바보 신세를 면할 수 있다.

마지막으로 전태일이 분신하기 전에 남긴 유서를 소개합니다.

사랑하는 친우여, 받아 읽어주게, 친우여, 나를 아는 모든 나여. 나를 모르는 모든 나여. 부탁이 있네. 나를, 지금 이 순간의 나를 영원히 잊지 말아주게. 그리고 바라네. 그대들 소중한 추억의 서재에 간직하여주게.

뇌성 번개가 이 작은 육신을 태우고 꺾어버린다고 해도, 하늘이 나에게만 꺼져 내려온다 해도, 그대 소중한 추억에 간직된 나는 조금도 두렵지 않을 걸세. 그리고 만약 또 두려움이 남는다면 나는 나를 영원히 버릴 걸세.

그대들이 아는, 그대 영역의 일부인 나. 그대들의 앉은 좌석에 보이지 않게 참석했네. 미안하네. 용서하게. 테이블 중간에 나의 좌석을 마련하여 주게. 원섭이와 재철이 중간이면 더욱 좋겠네.

좌석을 마련했으면 내 말을 들어주게. 그대들이 아는, 그대들의 전체의 일부인 나. 힘에 겨워 힘에 겨워 굴리다 다 못 굴린, 그리고 또 굴려야 할 덩이를 나의 나인 그대들에게 맡긴 채.

잠시 다니러 간다네. 잠시 쉬러 간다네.

어쩌면 반지(指環)의 무게와 총칼의 질타에 구애되지 않을지도 모르는, 않기를 바라는 이 순간 이후의 세계에서, 내 생애 다 못 굴린 덩이를, 덩이를, 목적지까지 굴리려 하네,

이 순간 이후의 세계에서 또 다시 추방당한다 하더라도 굴리는 데, 굴리는 데, 도울 수만 있다면, 이룰 수만 있다면…….

전태일의 일기와 편지, 관계 기관에 보낸 진정서 등은 『내 죽음을 헛되이 말라』(1988)라는 책으로 정리되었으며, 일기와 주위 사람들의 구술 등을 기초로 조영래가 전태일의 삶을 기록한 『전태일 평전』(1983)을 출간했습니다. 1995년에는 전태일의 삶을 영화로 옮긴 〈아름다운 청년 전태일〉(박광수 감독)이 국민 모금 방식으로 제작되기도 하였지요. 2005년에는 전태일 열사가 자신의 몸을 불태웠던 청계천 6가의 '버들다리' 위에 그의 정신을 기리는 반신 부조가 설치되었습니다.

군부 독재 타도의 불씨 박종철

재수 끝에 서울대학교에 입학하다

우리나라의 민주화에는 수많은 민주 인사·열사들의 희생이 따랐습니다. 그들의 피와 눈물과 생명의 대가로 이 정도의 민주주의나마 구현하게 되었지요. 망국 시대에 의병과 독립운동가들이 있었듯이, 독재 시대에는 자신의 안위와 심지어 생명까지 내던진 분들이 적지 않았어요.

민주주의라는 나무는 피를 먹고 자란다는 말이 있듯이, 한국의 민주주의도 다르지 않았습니다. 민주주의를 지키기 위해 많은 분들이 감옥에 가고, 고문을 당하고, 학교나 직장에서 쫓겨나고, 자결 또는 타살을 당하였어요. 이분들의 고귀한 희생으로 우리는 민주주의를 되찾을 수가 있었습니다.

전두환 정권의 몰락에 결정타 역할을 한 사건이 있습니다. 대한민국 경찰이 한 대학생을 끌어다 물고문으로 죽인 것이죠. 경찰이 이를 은폐한 사실이 폭로되면서 국민이 분노하였고, 마침내 6월 항쟁이 일어난 것입니다. 그 희생자가 바로 박종철이었어요.

박종철은 1965년 4월 1일 부산시 서구 아미동에서 아버지 박정기와 어머니 정차순의 2남 1여 중 둘째 아들로 태어납니다. 아버지는 공무원이고, 어머니는 평범한 가정 주부였어요.

박종철은 만 여섯 살 되는 해 토성초등학교에 입학하고, 2학년 되던 해 가족이 영도다리에서 멀지 않은 곳으로 이사하였어요. 그리고 4학년 무렵에 서대3가로 이사를 합니다. 공무원인 아버지가 자주 전근을 다니면서 주로 근무하는 곳의 관사에서 살았는데, 이번에는 처음으로 집을 사서 이사를 한 것입니다.

박종철은 1977년 동대신동에 있는 영남제일중학교에 입학합니다. 이 무렵 형이 서강대학교 공대에 입학하여 '가톨릭학생회'라는 서클에 가입합니다. 형은 방학 때 집에 오면 동생에게 농촌 활동·조국 순례 대행진 등에 관한 이야기를 해줍니다. 박종철은 형으로부터 많은 영향을 받으며 성장하지요.

1979년 가을, 박종철이 중학교 3학년 때에 부산과 마산에서는 박정희의 폭압적인 유신 체제에 반대하여 '부마항쟁'이 일어났어요. 박종철은 형으로부터 서울의 소식과 부산에서도 학생들과 시민들이 시위에 나서게 된 이유를 자세히 듣게 되었지요. 그리고 친구와 시내로 나가서 구호를 외치며 시위에 참여했습니다. 어린 마음에도 박정희 정부가 크게 잘못하고 있다고 생각한 것입니다.

박종철은 1980년 봄 중구 보수동에 위치한 혜광고등학교에 입학했어요. 이 시기에 그의 집이 도시 계획에 포함되어 새로 집을 지어야 했어요. 그런데 새 집을 지을 돈을 융자받는 과정에서 마을 주민들이 집단적으로 사기를 당했습니다. 주민들은 민사 소송을 제기했으나 그 비용이 너무 많이 들었어요. 박종철의 식구들은 다시 공무원 관사로 옮기게 되고, 살림은 점점 어려워졌어요.

박종철은 학원에 갈 형편이 못되어 학교 도서관에서 밤늦게까지 공부했어요. 하지만 지원했던 서울대학교에 낙방하고, 1년 재수 끝에야 서울대학교 인문대학 언어학과에 합격하지요. 그가 대학에 진학한 1984년 봄은 전두환 정권의 광기가 넘쳐나던 폭압의 시기였어요. 정의감이 있는 학생들은 나라가 이대로 가서는 안 되겠다는 생각을 많이 하게 되었지요.

사회과학 서적 읽으며 시대의식에 눈떠

중학생 때 '부마항쟁'에 참여했던 박종철은 서울대학교에 입학하자 교내 서클인 '대학문화연구회'(대문)에 참여했어요. 그는 이곳에서 『해방 전후사의 인식』, 『전환시대의 논리』, 『한국민족주의 탐구』 등의 책들을 읽으면서 지식의 지평을 넓혀나갔지요. 또 선배들과 각종 이념 서적을 읽고 토론을 하면서 한국 사회의 모순 구조에 많은 관심을 갖게 됩니다.

당시 전국의 주요 대학에는 일명 '짭새'라고 불리는 사복 경찰들이 교내 구석구석에 진을 치고 앉아, 학생들의 동향을 살피고 있었어요. 개중에는 학생·교직원·교수들을 정보원으로 포섭하기도 했지요. 이렇게 학생들의 서클 활동이 속속 경찰의 정보망에 포착되면서, 비밀 서클이 유행했어요. '대문'도 비밀리에 조직되고 운영되었습니다.

박종철과 '대문' 학우들은 점차 심해지는 정부의 학원 탄압에 맞서 학원 자율화 등을 요구하는 유인물을 제작하여 영등포시장 일대에 배포하는 등 대사회적인 방향으로 학생 운동을 전개합니다. 교내에서 아무리 외쳐봐야 언론에서는 한 줄도 써주지 않고, 국민들은 정부의 학원 탄압을 거의 모르고 있다는 판단에서 취한 행동이었어요. 당시 대부분의 대학들이 비슷한 상황이었어요.

유인물을 성공리에 배포한 박종철은 학우들과 허름한 식당에 모여 함께 막걸리를 나누며 힘차게 노래합니다.

우리 승리하리라, 우리 승리하리라, 우리 승리하리, 그날에
오, 참 맘으로 나는 믿네, 우리 승리하리라!
두려움이 없네, 두려움이 없네, 두려움이 없네, 그날에
오, 참 맘으로 나는 믿네, 우리 승리하리라!
손에 손을 잡고, 손에 손을 잡고, 손에 손을 잡고, 그날에
오, 참 맘으로 나는 믿네, 우리 승리하리라!

박종철은 학우들과 1980년 5월 광주 참극을 찍은 사진을 돌려보며 충격을 받게 되고, 힘을 모아 전두환 군부 독재를 축출해야 한다는 결의를 다짐합니다. 그리고 1984년 5월 18일 광주민주항쟁 4주년을 맞아 첫 거리 투쟁에 나섰어요.

경찰이 지키고 있다가 교문을 나서는 학생들을 거칠게 제지했어요. 시위대의 맨 앞에 섰던 박종철는 학우 몇 명과 '닭장차'에 실려 관악경찰서로 끌려갑니다. 새벽 4시에 풀려나긴 했으나, 이것이 그의 반독재 민주 투쟁의 첫 시련이 되었습니다.

당시 대학 안에는 경찰이 학생 운동권의 동향을 파악하기 위해 침투시킨 '프락치'들이 많았습니다. 서울대학교 총학생회 출범 과정에서 학생회 간부들이 가짜 대학생들을 프락치로 판단해 폭행한 사건이 발생합니다. 이와 관련해 경찰이 학생회 간부를 구속하고 관제 언론이 학생 운동권 전체를 부도덕 집단으로 매도하는 등 학생 운동에 타격이 가해졌어요. 이에 서울대 학생들은 시험 거부 투쟁을 결의합니다. 박종철은 과 대표로 선출되어 투쟁을 이끌었습니다.

박종철은 2학년이 되어 언어학과 홍보부장에 뽑히고, 4월 23일 언어학과는 〈언단(言壇)〉이라는 회지를 창간합니다. 그는 이 회지에 '시평(時評)'을 고정적으로 썼습니다.

반독재 시위로 경찰에 연행되다

박종철은 2학년이 되면서부터 하숙비를 줄이기 위해 대림동에 방을 얻어 자취를 합니다. 그의 자취방은 동료들과 함께 독서방의 역할도 하고, 시국에 대한 토론장 그리고 시위를 논의하는 아지트가 되었어요.

박종철은 1985~1986년에 서울대학교 학생들의 반독재 시위에는 거의 빠지지 않고 참여했어요. 1986년 4월 28일 시위를 하다가 경찰에 연행되어 5일간 구류를 살기도 했습니다. 하지만 겁을 먹거나 포기하지 않고 다시 시위에 앞장섰다가 6월 1일 또 연행되어 3일간 구류를 살았어요. 그는 점차 학생 운동의 리더가 되고 반독재 민주화의 투사로 성장합니다.

박종철은 개인적인 안일한 삶보다 민주화와 통일 조국의 실현을 위해 온몸을 던지기로 다짐하면서 학과 공부와 함께 다양한 사회과학 서적을 읽으면서 투사의 길을 걷습니다.

다음은 1985년 12월 1일에 발행한 언어학과 회지 제2호에 실린 박종철이 쓴 글의 후반부입니다.

> 살을 에는 겨울바람과 무겁기만 한 파쇼의 폭압을 우리들 개개인의 구체적인 실천 작업으로 이 겨울로서 끝장내 버리자. 그리하여 다시는 이 땅에 어떠한 겨울도 찾아들지 못하게 하자.
>
> 학우여! "파쇼 헌법 철폐하여 군부 독재 타도하자"는 명확한 우리들의 슬로건을 앞세우고 우리 삼민 운동의 승리의 그날까지, 승리의 그날까지, 승리의 그날까지 투쟁하라!!!

박종철은 시위만 일삼는 학생은 아니었습니다. 방학이면 학우들과 '농활'(농촌 봉사 활동)을 하고 '공활'(공장 활동)을 하면서, 이 땅의 농민들과 노동자들의 어려운 생활을 체험했습니다. 대림동에 있는 세왕전기회사에 들어가 아르바이트를 하여 생활비를 벌기도 했어요. 이 땅의 기층 민중들이 얼마나 열악한 환경에서 어떻게 노역을 하면서 살아가는가를 실제로 체험한 것입니다.

민중의 권익을 위해 헌신하고자 한 박종철의 꿈은 전두환 정권의 '호위 무사' 역할을 떠맡은 경찰에 의해 깨뜨려지곤 했어요. 1986년 4월 11일 왕십리에서 노동자들과 함께 "장시간 노동 철폐하고 8시간 노동 쟁취하자.", "노동 운동 탄압하는 군부 독재 타도하자."라는 구호를 외치며 시위를 벌이다가 경찰에 연행되어 성동경찰서로 끌려갔습니다.

재판에 넘겨진 박종철은 징역 10월에 집행유예 2년을 선고받고, 1986년 7월 15일 출소합니다. 3개월여 동안 구치소 생활을 한 것입니다. 구치소 안에서도 함께 구속된 동료들과 "학살 정권 강간 정권, 군부 독재 타도하자!", "성고문 자행하는 전두환 일당 처단하자!"라는 등의 구호를 외치고, 이로 인해 구타를 당하는 등 '옥중 투쟁'을 벌였어요.

그 당시 경기도 부천경찰서에서 경찰이 여대생을 성고문한 '부천서 성고문 사건'이 일어나서 '강간 정권'이라 규탄한 것입니다.

대공분실에서 물고문 끝에 숨져

한국 현대사에서 큰 전환점이 되는, 그리고 박종철을 죽음에 이르게 하는 1987년이 되었습니다. 신년의 분위기가 채 가시지 않은 1월 13일, 박종철은 자취집 근처에서 경찰에 붙잡혀 남영동 치안본부 대공분실로 끌려갔어요. 경찰은 학생 운동의 선배인 박종운의 거처를 대라며 추궁하였고, 그는 끝까지 '모른다.'라고 답했어요.

수사관들은 박종운의 거처를 모른다는 박종철을 결박하고, 다리를 들어 올린 채 욕조의 물속에 머리를 집어넣었습니다. 그가 저항하자 몇 명이 달려들어 물고문을 계속했어요. 결국 10시간 이상 계속된 고문으로 박종철은 숨을 거두었습니다. 고문에 가담한 수사관들은 조한경, 반금곤, 황정웅, 강진규, 이정호 등 5명이었어요.

박종철을 죽인 이들은 인근 병원의 의사를 불러 응급처치를 시도했지만 이미 숨진 후였습니다. 살인범들은 증거 인멸을 위해 여러 가지 시도를 하고, 국립과학수사연구소 법의학 1과장 황적준 박사의 "물고문 도중 질식사 한 것 같다."라는 의견에 대해, 부검 감정서에 '심장마비'로 해달라고 협박까지 했어요.

1월 17일 치안본부장 강민창은 수사관이 박종운의 소재를 묻던 중 "책상을 탁 치니 박 군이 억 하고 죽었다."라는 식의 보도 자료를 발표하여 다시 한 번 국민의 분노를 촉발시켰어요. 하지만 더 이상 전기 고문과 물고문에 의한 살인 사실을 숨길 수 없게 되자 조한경 등 2명이 박종철을 물고문하여 살해했다고 이 사건을 축소 은폐하려 했습니다.

박종철 고문치사 사건이 알려지자 방학 중인데도 학생들은 추모제를 지내고 항의 집회를 열었습니다. '박종철 열사 국민 추도회 준비 위원회'가 구성되고, 김수환, 함석헌, 문익환, 홍남순, 김대중, 김영삼 등 사회 저명인사들이 모두 참여했지요. 준비 위원회는 추도식 준비와 함께 2월 9일부터 3월 3일까지를 '고문 추방 및 민주화를 위한 국민 결의 기간'으로 정하고, 매일 추모 집회를 열었습니다. 또 박종철의 49제일인 3월 3일에는 범국민적인 추도회를 열었어요.

같은 시기 21개의 여성 단체가 모인 여성단체연합 생존권 대책 위원회는 「우리들의 아들 박종철, 고문의 죽음을 애도한다」라는 성명에서 "어미들은 통곡한다! 어미들은 분노한다! 어미들은 호소한다."라면서 7개항을 발표했어요.

서울대 졸업식에서 박종철의 명예졸업장 수여 요구 대회를 가지는 졸업생들. ⓒ 경향신문사

1. 종철이를 살려내라! 우리 아들의 생명을 보상하라!
2. 행방을 모르는 40여 명의 우리 아들딸들을 내놓아라!
3. 고문당하고 있는 우리 아들딸들을 내놓아라!
4. 불법 강제 연행과 구금을 즉각 중단하라!
5. 인간 도살장 대공수사본부는 자폭하라!
6. 고문·강간 정권은 물러가라!
7. 살인 정권은 물러가라!

이밖에 사회 각계와 시민단체, 대학에 이어 박종철의 서울대학교 인문대학 언어학과 동기생들은 「박종철 학형의 죽음에 분노한다」라는 1차 성명에 이어 「종철 형을 보내며」라는 성명을 발표하고, 군부 독재 타도의 결의와 고인의 유지 계승을 다짐합니다. 다음은 성명의 후반부입니다.

우리는 종철 형을 보내면서, 오늘을 마지막으로 이제 더 이상 눈물을 보이지 말아야 함을 안다. 그리하여 형의 짧았던 생이 결코 헛되지 않았음을 역사 위에서 증명해 보일 그날, 임진강변에서 마음껏 눈물 흘릴 수 있는 그날을 맞이하고야 말 것이다.

민주주의 역사에 선혈로 기록되다

박종철 고문치사 사건은 정부의 조작으로 은폐되다가 김승훈 신부가 천주교정의구현사제단의 이름으로 사건 조작과 은폐 축소 사실을 폭로하면서 진상이 알려졌어요. 1987년 5월 18일 광주민주화운동 7주기 추도 미사 도중 김승훈 신부가 박종철 고문치사 사건의 진상이 조작되었음을 폭로한 것입니다. 치안본부 5차장인 박처원의 주도로 모두 5명이 가담한 고문치사 사건을 단 2명만이 고문에 가담한 것으로 꾸몄으며, 이 2명에게는 거액의 돈을 주었다는 사실을 밝힌 것이에요.

이 사실이 밝혀지자 각계 민주 인사·단체들이 1987년 6월 10일 '박종철 군 고문 살인 조작 범국민 규탄 대회'를 열었습니다. 이날은 바로 민주정의당이 전두환의 후계자로 노태우를 대통령 후보로 지명하는 날이었어요.

박종철 고문치사 사건은 6월 9일 연세대에서 시위 중이던 이한열이 경찰이 쏜 최루탄에 맞아 신음하다가 숨진 사건과 더불어 '살인 정권'에 대한 분노로 폭발하여, 전두환 정권을 종식시키는 6월 항쟁으로 전개되었습니다. 박종철의 희생은 그동안 방관하던 중산층, 이른바 '양복 입은 샐러리맨들'까지 분개시켜 반정부 시위에 나서도록 하는 6월 항쟁의 도화선이 되었어요.

6월 항쟁 기간 동안 가두시위에 나선 시민과 학생들의 손에는 박종철의 해맑은 사진이 들려있었고, 그의 혼은 살아서 반독재 행렬의 길잡이가 되었습니다. 박종철은 비록 23세의 짧은 삶을 살다갔지만, 그의 정신과 투지는 이 나라 민주주의 역사에 붉은 선혈로 기록되어 영원히 함께 할 것입니다.

6월 민주 항쟁의 수호신 이한열

전문 경영인을 꿈꾼 소년

> 넓다란 광장 뜨거운 열기 아래
> 전단이 뿌려지고 최루탄이 터진다
> 파쇼타도 외치다 토론의 밤을 지샌다
> 민주를 위하여 자유를 위하여 이 땅의
> 인간 해방 위하여 새벽 찬 이슬에
> 젊음을 삼킨다 이 땅의 인간 해방을 위하여.

이한열이 대학 시절에 쓴 「해방을 위하여」란 시입니다. 그는 이런 시를 짓는 서정성이 강한, 그리고 의협심이 남달랐던 학생이었어요. 이 시는 그가 경찰이 쏜 최루탄에 맞아 사망한 후에, 하금산이 곡을 부쳐 민주화운동 과정에서 동료·후배들에 의해 널리 불렸지요.

이한열은 1966년 8월 29일 전라남도 화순군 능주면 남정리 225번지에서 아버지 이병섭과 어머니 배은심 사이에서 2남 3녀 중 장남으로 태어났습니다. 아버지는 농협 직원이고 어머니는 평범한 가정 주부였어요. 이한열이 4세 때 가족이 광주시 지산동으로 이사하고, 그는 1973년 광주 동산 초등학교에 입학했어요. 이어서 1979년 3월 동성중학교에 진학하였고, 2학년 때 전두환 세력이 광주 시민들을 학살하는 광주민주항쟁을 겪었습니다.

1982년 3월 이한열은 진흥고등학교에 진학합니다. 고등학교 재학 시절에는 음악에 심취하고 프로야구를 좋아하는 평범한 학생이었어요. 3학년 때에는 학생회장을 지내는 등 강한 책임감과 성실한 태도로 매사에 임하였어요. 졸업 성적은 문과 240명 중 10등으로 우수한 편이었고, 초·중·고 12년 동안 개근상을 탈 만큼 건강하고 근면했어요.

이한열은 1985년 서울대학교 경영학과에 지원했다가 실패하고 1년간 재수 생활을 한 후 1986년 3월 연세대학교 경영학과에 입학합니다. 당시는 전두환 정권이 민주화를 요구하는 학생과 시민들을 폭압적으로 탄압하던 시기였어요.

대학생이 된 이한열은 '만화사랑' 동아리에 들어가 활동하면서도 전문경영인이 되겠다는 포부로 공부에 열중합니다. 그러나 이한열은 광주 시민 학살에 대한 사진 전시회, 비디오를 보고는 분노를 가누기 어려워하면서 일기에 다음과 같이 썼어요.

> 나의 어린 날의 추억, 광주 사태가 끝난 후 6월 초순, 아무런 의식이 없는 상태에서 나는 자연을 만끽했고 고풍의 문화재에 심취했다. 친구들과 찍은 몇 장의 사진이 있을 뿐 사회의 외각 지대에서, 무풍지대에서 스스로 망각한 채 살아왔던 지난날이 부끄럽다.

1학년 여름 방학 때, 이한열은 선배·동료들과 함께 조국 해방과 민주화를 위해 싸우다 산화한 영령들의 자취를 밟고자 '국토 순례 대행진'을 떠납니다. 동학농민혁명을 지도하다 참수당한 전봉준 장군 기념탑과, 민주화에 앞장섰다가 학살당한 영령을 모신 광주 망월동 묘지 앞에서 향을 피우고 추모가를 부르며 그날의 슬픔과 분노를 체감하기도 했어요.

전두환 독재에 반대해 떨쳐 일어나다

이한열은 이를 통해 역사와 사회에 대해 눈을 뜨게 되고, 결코 부끄럽지 않는 젊은이가 되겠노라고 스스로 다짐합니다. 2학년이 되면서부터는 학내 시위와 집회에도 열심히 참여하고, 한국 사회의 모순에 관해 깊은 관심을 갖게 되었어요. 그리고 보다 조직적인 힘을 통해 군부 독재를 몰아내고, 장기간의 독재 정권이 파생한 한국 사회의 문제를 고치고자 '경영학과 2학년 총회 준비위원회'의 결성을 시도합니다.

준비위원으로 선출된 이한열은 총회 소집을 위해 동료들을 만나 설득하고 유인물을 만들어 배포하는 등 노력했어요. 그는 만화, 음악, 문학 등 다양한 방식으로 학우들을 설득하면서 총회 준비를 했습니다. 그러나 열성적인 학우들이 있는 반면 겁을 먹거나 해서 피하는 경우도 적지 않았어요.

1987년 한국 사회는 반독재 민주화 투쟁 세력과 이를 막으려는 전두환 정권이 대치하고 있었습니다. 1월 14일 서울대생 박종철이 고문을 당해 죽는 사건이 발생하고, 4월 13일에는 전두환이 대통령을 계속 간접 선거로 뽑겠다는 소위 '4·13 호헌 조치'를 발표하여 재야 민주 세력이 대규모로 저항 운동을 전개했지요.

한편 5월 18일에는 천주교정의구현사제단이 경찰 수뇌부가 박종철 고문치사 사건을 축소 조작한 것을 폭로하였고, 5월 28일에는 '민주 헌법 쟁취 국민운동 본부'가 발족하였죠. 양측은 일촉즉발의 대치 상태에 있었어요. 대학가에서도 연일 반독재 시위가 열렸지요.

이한열은 자신의 운명을 예견이라도 한 듯이 참담한 현실에 대한 자신의 의지를 담은 습작시 한 편을 지었습니다.

그대 왜 가는가
어딜 가는가
그대 등 뒤에 내리깔린 쇠사슬을
마저 손에 들고 어딜 가는가
이끌려 먼저 간 그대 뒤를 따라
사천만 형제가 함께 가야 하는가
아니다
억압의 사슬을 두 손으로 뿌리치고
짐승의 철퇴는 두 발로 차버리자
그대 끌려간 그 자리 위에
민중의 웃음을 드리우자
그대 왜 갔는가
어딜 갔는가
그대 손목 위에 드리워진 은빛 사슬을
마저 팔찌 끼고 어딜 갔는가.

경찰이 쏜 최루탄에 쓰러지다

1987년 6월 9일 오후 연세대생 500여 명은 교내 광장에서 '6·10 대회 참여를 위한 연세인 총결의 대회'를 가진 후 교문 쪽으로 몰려가 "호헌 철폐! 독재 타도!" 등의 구호를 외치며 시위를 벌였어요. 이한열은 시위대 맨 앞자리에서 구호를 외쳤습니다.

오후 5시쯤, 이한열은 경찰이 쏜 SY 44 최루탄에 머리를 맞고 그 자리에서 쓰러졌습니다. 그는 동료들에 의해 세브란스병원 신경외과 중환자실로 옮겨져 치료를 받았으나 혼수상태에서 깨어나지 못했어요. 연세대생 500여 명은 오후 8시쯤 정확한 사고 경위와 이한열의 소생 가능성에 대해 병원 측에 성의 있는 답변 등을 요구하며 철야농성에 들어갔습니다. 그리고 경찰의 접근을 막기 위해 병실 경비를 시작했어요.

이한열의 최루탄 피격 소식이 전해지면서 대학가와 시민 사회는 분노를 참을 수 없었습니다. 1960년 3·15 부정 선거를 규탄하는 김주열에게 최루탄을 정조준 발사하여 죽인 경찰이, 27년 만에 이번에도 최루탄을 정조준으로 쏴서 이한열을 사경에 빠뜨린 데 대한 국민적인 분노가 폭발했어요.

6월 11일 오전, 병원 당국은 기자 회견을 갖고 이한열의 병세는 좌측 후두부 두개골 골절, 골절 주위의 뇌좌상, 뇌출혈, 두개강 내 이물질 함유 등이라고 밝혔습니다. 또한 호흡 정지로 인해 인공호흡기를 사용 중이라고 발표했어요.

'6·10 대회' 이후 명동성당 구내에서 철야 농성과 시위를 계속하던 1천여 명의 학생들은 이날부터 "우리의 민주학우 한열이를 살려내라!"라는 구호를 외쳤습니다. 또한 성당 밖의 학생들과 시민들은 연세대학교 교정 앞으로 속속 집결하여 살인 정권을 규탄했어요.

이날부터 연세대학교의 백양로는 각종 재야 단체와 학생 단체, 일반 시민들의 대자보와 구호로 뒤덮였습니다. '전두환 타도'의 함성이 거침없이 쏟아져 나왔어요. 백양로는 물론 서울 시내 중심가에서는 연일 수만, 수십만 명의 시민이 반독재 시위를 벌였습니다.

100만 명의 시민이 참여한 영결식

많은 국민의 간절한 소생 기원에도 불구하고 이한열은 1987년 7월 5일 오전 2시 5분, 피격 27일 만에 세브란스병원 중환자실에서 22세의 짧은 삶을 접었습니다. 민주국민장으로 치러진 영결식은 7월 9일 아침 학생·시민·재야 인사·정치인 등 10만여 명이 참석한 가운데 연세대학교 본관 앞에서 엄숙히 거행되었어요.

영결식에서 전날 감옥에서 나온 문익환 목사가 양심수 대표의 자격으로 단상에 올라 그동안 숨진 민주 열사 25명의 이름을 차례로 불렀고, 참석자들도 그 이름을 따라 외치며 울부짖었어요.

추모객들은 단체별로 "한열이를 살려내라!", "한열이는 부활한다!", "살인 정권 물러나라!" 등의 펼침막을 들고 거리를 누볐습니다.

이한열의 탈상제를 가진 후 영정을 앞세우고 교문 앞으로 진출한 학생들과 경찰들이 대치하는 모습.
ⓒ 경향신문사

영결식의 마무리 단계에서 이한열의 어머니 배은심이 "마지막으로 여러분에게 당부할 말이 있다."라며 단상으로 올라갔어요. 그리고 울부짖듯 호소합니다.

> 여기 모인 젊은이들이여!
> 불쌍한 우리 한열이가 못다 이룬 민주화를 꼭 성취해주세요.
> 우리 한열이는 이 세상에 없습니다.
> 살인마 물러가라.
> 한열아, 한열아!
> 한열아, 이 많은 청년들이 너의 가슴에 맺힌 한을 풀어줄 거야!
> 한열아! 한열아! 가자, 우리 광주로 가자.

장례식은 온통 통곡의 장으로 변했습니다. 영결식은 억울한 넋이 귀천하도록 하는, 서울대학교 체육교육학과 이애주 교수의 살풀이 춤을 끝으로 끝났어요.

이한열의 유해를 실은 운구차는 "애국학생 고 이한열 열사, 민족 민주 투쟁의 영원한 선봉"이라고 쓴 대형 만장과 각계에서 만든 200여 개의 만장과 함께 광주를 향해 출발했어요. 동료 학생들과 수만 명의 시민이 그 뒤를 따랐습니다. 운구차가 시청 광장에 이르렀을 때는 100여 만 군중이 '시민 묵념' 행사에 참여했어요.

이한열의 유해는 이날 밤 광주에 도착하여 별도의 추모 행사에 이어 망월동 5·18 희생자 묘역에 안장되었습니다.

민주의 밑거름으로 22세의 삶을 바쳐

이한열은 고등학교나 대학 시절 평범한 학생이었어요. 서정성이 넘쳐 많은 시를 쓴 문학청년이었지요. 하지만 전두환 폭압 정권이 민주주의를 짓밟고 무고한 시민들을 학살하면서, 그는 불의에 저항하다가 꽃다운 나이에 민주 제단에 산화하게 되었어요. 그의 시 한 편을 소개합니다. 1986년 11월 29일에 쓴 것입니다.

무섬증

들리지 않는다 우리의 숨소리
너의 손짓이 보이지 않는다
군홧발에 움츠러진 우리의 모가지
숨소리 죽여 죽여 생명이 다했나
오발탄에 숨어들어간 빈틈없는 쥐구멍
그래도 슬픔은 눈물만이 아닐 것
그래도 아픔은 비명만이 아닐 것
왜 우리는 모두
활자에 겁을 먹는 자라목이 되었나
왜 우리는 청색 히스테리를 치유하지 못하나
이젠 무섭다
무서운 건 그들의 발소리가 아니라
꼭 다문 너의 입과
수갑 채인 두 손과
꽁꽁 얼어붙은 우리의 발바닥

소리 없는 함성은 우리를 가둘 뿐이란 걸
왜 우린 알면서 그냥 있어야 했나
왜 우린…….

영결식장에서 친구인 연세대학교 경영학과 3학년 이민우가 「이한열 열사가 걸어온 길」을 보고했는데, 그 마지막 대목입니다.

인간이 인간답게 살 수 있는 세상, 피땀 흘려 일한 자가 놀고먹는 자에게 짓밟히고, 민족을 팔아먹은 자가 오히려 애국을 떠들며 뒷전으로는 매국을 일삼는 현실, 그것이 바로 자신이 발 딛고 있는 사회임을 알았을 때, 그는 주저 없이 스크럼 대열에 섰으며, 자주·민주의 선봉이 되었습니다.

그렇게 싸우던 한열이는 이제 민주의 밑거름으로 스물두 살의 젊음을 바쳤습니다. 그러나 누구도 한열이가 죽었다고 말하지 않습니다. 지금 그의 짧은 생 앞에서 이제껏 침묵했던, 용기 없어 뒷전에 서 있던 이들이 분연히 외치고 있습니다. 민주를, 자주를, 조국 통일을. 그렇습니다. 그는 살아옵니다. 허리 잘린 반도의 여름 하늘 위로 민주의 화신이 되어 날아오르고 있습니다. 쓰러져 영원히 살아오는 한열의 부르짖음, 우리는 외칠 것입니다. 그를 따라 민주를, 자주를, 조국 통일을.

이한열의 희생은 "이제껏 침묵했던, 용기 없어 뒷전에 서 있던" 사람들까지 반독재 민주화 투쟁 대열에 참여하게 하여, 6월 항쟁의 거대한 분화구가 되었어요. 6월 10일부터 전국 180개 도시에서 시위가 벌어진 데 이어, 6월 26일에는 전국 37개 도시에서 100만여 명이 참여하는 대규모 시위가 일어났지요. 4·19 혁명 때보다 더 많은 국민이 궐기했어요.

이와 같이 거대한 국민의 궐기에 놀란 노태우 민정당 대표위원은 6월 29일 이른바 '6·29 선언'을 하기에 이릅니다. 대통령을 국민이 직접 뽑도록 헌법을 고치겠다고 약속했습니다. 1980년 5·17 쿠데타로 집권했던 전두환·노태우의 군부 독재가 '항복'을 한 것입니다.

이한열은 민주화의 제물이 되어 군부 독재의 종언을 불러왔어요. 그리고 민주주의의 수호신으로 영생하게 되었습니다.

3부. 하늘의 뜻이 민주주의에 있음에

민주화의 선각자 김재준

기독교 정신·역사의식에 눈뜨다

한국 기독교를 민중 속으로 이끌고 1970년대부터 민주화의 앞장에 선 김재준은 20세기가 열리는 1901년 9월 26일 함경북도 경흥군 오봉동 창골 마을에서 김호병과 채성녀의 2남 4녀 중 둘째 아들로 태어났습니다. 그는 서당 훈장이셨던 아버지로부터 『통감』, 『대학』, 『중용』, 『맹자』 등을 배우면서 가풍에 따라 유교의 세계에서 소년 시기를 보냅니다.

김재준은 10세 때인 1910년에 경원군 향동소학교 3학년에 편입했어요. 그 해 8월 29일 나라가 일본에 망하여, 그는 소년기부터 식민지 교육을 받으며 자라납니다. 이후 고건원보통학교에 이어 16세 때 회령간이농업학교를 졸업하지요. 이 해에 회령군청 간접세과에 심부름꾼인 고원으로 취직을 합니다.

김재준은 당시의 조혼 풍습에 따라 18세 때인 1918년에 장석연의 맏딸 장분여와 결혼하여 3남 3녀를 낳습니다. 이 해에 회령군청에서 웅기금융조합 직원으로 전직하지요.

김재준은 웅기에서 만주와 시베리아로 망명하는 우리나라 애국지사들을 지켜보면서 차츰 민족의식이 싹트기 시작합니다. 그러던 중 서울 남대문교회 송창근 전도사의 방문을 받고 기독교에 대해 관심을 갖게 되지요. 김재준은 뜻을 세우고, 금융조합 서기라는 안정된 직장을 버리고 서울로 유학을 떠납니다.

중동학교 고등과에 편입한 김재준은 서울 YMCA 영어 전수과에서 영어 공부를 시작하는 한편, 애국지사 이상재 등의 강연을 듣고 민족의식과 신문화 사상에 눈을 뜹니다. 또한 톨스토이, 성 프란시스코 등의 전기를 읽으면서 그들의 청빈 사상에서 큰 영향을 받습니다.

김재준은 24세 때인 1924년에 서울 승동교회에서 열린 장로교회연합사경 부흥회에서 김익두 목사의 설교를 듣고 기독교를 신앙하기로 결심하고, 3년 후에는 승동교회 김영구 목사로부터 세례를 받았어요. 이후 그는 사망할 때까지 기독교인으로 목회 활동을 하면서 세상의 소금 역할을 하였지요.

기독교에 귀의한 김재준은 3년 동안 함경북도 경흥으로 귀향하여 용현소학교와 귀낙동소학교, 신아산소학교에서 교사로서 학생들을 가르칩니다. 일제 강점기라 우리말과 역사를 가르치기 어려웠지만, 그는 틈틈이 학생들에게 민족의식을 심어주었지요.

김재준은 좀 더 넓은 곳에서 세상을 알고 싶다는 생각에서 1926년 일본으로 건너가 아오야마학원 신학부에 들어갑니다. 신문 배달 등 고학을 하면서 신학을 공부하고, 1928년 졸업한 후 귀국하여 두만강 유역의 교회를 순방하면서 기독교 사상과 민족의식을 강연합니다. 그리고 이 해에 다시 미국으로 건너갑니다. 일본에서 공부하면서 세계를 알기 위해서는 미국으로 가서 공부하는 것이 필요하겠다는 생각을 했기 때문이지요.

김재준은 프린스턴신학교에 입학하여 1년간 수업하고, 1929년 9월 미국 웨스턴신학교에 편입학을 합니다. 그는 열심히 공부하여 1932년 5월에 신학사(S. T. B) 학위를, 1933년 5월에는 신학석사(S. T. M) 학위를 받습니다.

당시 미국은 경제 공황이라 대단히 어려운 상황이었습니다. 고학이 어렵게 되자 김재준은 학업을 중단하고 서둘러 귀국하였어요.

일제의 신사 참배를 거부하다

고국으로 돌아온 김재준은 3년 동안 평양에서 머물며 교회 활동과, 숭인상업학교 교사·평양 산정현교회 집사로 봉사하다가 1933년 8월 평양노회에서 강도사(講道師) 자격을 얻게 됩니다. 일종의 전도사와 같은 일이었지요. 1936년 4월 조선총독부가 기독교에 신사 참배를 명령하고 민족 교육을 금지했어요. 이에 조선예수교장로회는 총회를 열어 신사 참배를 가결하는가 하면 평양신학교를 폐쇄합니다. 김재준은 이를 받아들일 수 없다고 판단하고 숭인상업학교 교사직을 미련 없이 사임합니다.

이 무렵 김재준은 송창근, 한경직 등 소장 학자들과 사귀하면서 평양신학교의 신학 연구지 〈신학지남〉에 글을 씁니다. 또 유형기 박사가 『단권성경 주석』의 번역자로서 필화 사건에 연루되자 송창근, 한경직과 함께 필화 사건을 비판하는 성명서를 냈지요.

김재준은 일제의 강박으로 국내에서 활동이 어렵게 되자 1936년 만주로 건너갑니다. 당시 만주에는 많은 한국 이주민들이 살고 있었지요. 그는 간도 용정의 은진중학교 교사로서 3년 동안 동포 청소년들의 교육에 전념하는 한편, 1937년에는 동안노회에서 목사 안수를 받습니다. 그리고 그곳에서 월간 〈십자군〉을 발간하면서 동포들의 신앙생활과 민족 교육에 헌신하였어요.

1938년 서울 승동교회가 조선신학원을 설립하면서 김재준을 실무 책임자로 초청하여, 그는 간도에서 귀국합니다. 이후 김재준은 조선신학원 교수로서 그리고 교장으로서 일제가 패망할 때까지 조선신학원을 지킵니다.

1945년 8월 15일, 마침내 일제가 패망하고 조국이 해방되었습니다. 김재준은 「기독교 건국이념」이란 글을 발표하는 한편 천리교 본부 건물을 인수받아 경동교회를 설립합니다. 한편 조선신학교 교장을 그만둔 후 교수로 있던 그는 용정에서 발간했던 〈십자군〉 잡지를 다시 간행하여 교인들의 신앙생활을 지도합니다.

1950년 6·25 전쟁이 일어났지요. 김재준은 부산으로 피난하여 1951년 3월 부산에 피난 전시 대학을 개설하고, 천막으로 만든 임시 대학에서 피난민들을 상대로 교육합니다. 그리고 4월에 학교명을 한국신학대학으로 변경하고, 학장 서리에 취임하지요. 이 무렵 그는 개인적으로 큰 상처를 입는 사건에 접하게 됩니다.

1953년 장로교의 보수파 계열이 김재준의 목사직 파면을 결정합니다. 그리고 한국신학대학에 대한 총회 인준을 취소하는 등 강압적 조처를 취하지요. 장로교 보수파들은 김재준의 개혁적인 선교 활동이 자칫 자기들의 기득권을 빼앗을까 두려워 그를 '이단'으로 몰아 쫓아낸 것입니다.

김재준은 1959년 9월 수유리에 있는 한국신학대학의 제6대 학장으로 취임하였습니다. 또 캐나다 연합교회의 초청을 받아 브리티시콜롬비아주립대학교 유니온칼라지에서 명예신학박사 학위를 받습니다. 이로써 김재준은 명예를 회복했지만, 그를 적대시하는 보수파의 견제는 그치지 않았어요.

박정희의 독재에 맞서 싸우다

1961년 5·16 군사 쿠데타는 김재준의 생애를 뒤바꿔 놓았지요. 군사 정부가 60세 정년제를 실시하면서 김재준은 자신이 세운 한국신학대학의 학장직과 교수직을 박탈당합니다. 4년 후에야 명예학장과 한국기독교장

부산 피난 시절 한국신학대학 교수들과 학생들 (맨 앞줄 왼쪽에서 다섯 번째가 김재준).
ⓒ 장공기념사업회

로회 총회 총회장으로 추대된 데 이어 한신학원 제7대 이사장으로 피선되었으나 그동안 당한 아픔과 좌절은 적지 않았지요.

한편 군사 쿠데타를 일으켜 정권을 장악한 박정희와 군부 세력은 '원대 복귀' 공약을 버린 채 민정에 참여하여 다시 집권하게 되었어요. 그리고 1964년부터 비밀리에 일본과 굴욕적인 한일 회담을 추진하여 36년 식민 통치의 죄과를 무상 3억 달러, 차관 2억 달러에 무마하고자 했습니다. 이와 같은 사실이 알려지면서 대학생·문화인·야당·종교인들이 반대 투쟁에 나섰고, 김재준도 이에 앞장섰습니다. 그가 민주화운동에 참여하게 된 시발점이었지요.

김재준은 1965년 기독교계의 한일 굴욕 외교 반대 국민운동을 한경직 목사와 주도하고, 서울 영락교회에서 대중 강연을 하는 등 주로 교회를 중심으로 굴욕 회담을 반대하는 사회운동을 시작합니다.

그리고 박정희의 장기 집권이 시작되면서 언론이 탄압받고 어용화되자 월간지 〈제3일〉을 창간합니다. 박형규, 현영학, 서광선, 이문영, 문익환, 문동환, 이우정 등 기독교계의 지도급 인사들이 동인으로 참여했지요.

박정희는 1969년 1차 연임만 규정한 헌법을 고쳐 세 번째로 대통령을 하고자 '3선 개헌'을 추진합니다. 야당은 물론 종교계, 문인, 학생, 사회단체들이 반대 투쟁에 나섰습니다. 김재준은 1969년 각계가 조직한 '3선 개헌 반대 범국민 투쟁 위원회' 위원장으로 추대되었어요. 그만큼 국민적인 신망과 기대가 컸기 때문에 3선 개헌 반대 운동을 총 지휘하는 위원장으로 추대된 것입니다.

김재준은 서울을 비롯하여, 전국을 순회하면서 3선 개헌 반대 유세를 전개합니다. 쿠데타를 일으킨 장본인이 자신의 권력 연장을 위해 자신이 만든 헌법을 다시 뜯어고치는 것은 법의 정신은 물론 하느님의 뜻에 거역한다는 판단에서였습니다.

국민의 반대에도 불구하고 박정희 정권은 날치기로 국회에서 개헌안을 처리했어요. 그리고 1971년 4월 제7대 대통령 선거에 박정희가 다시 후보로 나섭니다. 이 해 4월 19일, 4·19 혁명 11주년 기념일을 맞아 김재준, 이병린, 천관우 등 재야 민주화운동 지도자들이 서울 종로 대성빌딩에서 '민주수호국민협의회'(민수협)를 조직합니다.

1970년대 최초의 지식인 연합체인 이 단체는 3선 개헌의 저지에 실패한 뒤 한때 좌절에 빠져있던 각계각층의 민주 인사들이 1971년 4월의 대통령 선거를 앞두고, 군부 독재 세력의 정권 연장을 막고 평화적인 정권 교체를 실현하자는 목적에서 결성하였어요. 민수협은 김재준, 이병린, 천관우 3인을 대표위원으로 선정하였어요(해외 출타 중이던 함석헌은 추후 참여함). 또 운영위원으로 계훈제, 법정, 이호철, 조향록 등을 선출하면서 전국적인 조직화에 나섰지요. 이에 따라 학계, 법조계, 언론계, 종교계, 문화계 등 여러 부문의 명망 있는 인사들이 다수 참여하여 명실 공히 반독재 민주 세력의 집합체가 되었습니다.

김재준은 민수협을 지도하면서 강연회·성명서 발표·인권 탄압 사례 조사·공명선거 실시를 위한 선거 참관인단 구성 등의 활동을 전개했습니다. 하지만 정부의 관권·금권 부정 선거를 막는 데는 역부족이었어요. 3선에 성공한 박정희는 이듬해 위수령 발동에 이어 1972년 10월 '유신 헌법'을 선포했고, 이로써 민수협의 활동은 중단되고 말았습니다.

그러나 민수협은 그 당시 '민주수호전국청년학생연맹', '민주수호청년협의회' 등 민주 청년 운동을 이끌고, 유신 체제 아래에서 결성된 '민주회복국민회의', '민주주의와 민족통일을 위한 국민연합' 등 반 유신 투쟁 단체들의 원류이자 모체가 되었지요. 김재준은 이 시기에 민주화운동 지도자로서 소임을 다하였답니다.

캐나다에서 계속된 민주화운동

국내 정치에 크게 실망한 김재준은 1974년 3월 마침 캐나다 딸집으로 신병 치료차 가 있던 부인의 병간호를 위해 서울을 떠납니다. 하지만 그의 나라사랑 정신은 조금도 시들지 않았어요. 캐나다 현지에서 '북미주 한국민주회복통일촉진국민회의'를 조직하고, 의장직을 맡습니다. 해외 교포들이 조직한 민주화와 조국 통일 운동 단체였지요. 김재준은 이 단체의 의장직을 연임하고 물러납니다. 그리고 캐나다에서 〈제3일〉을 속간하여, 해외 동포들의 신앙과 조국의 민주·통일 운동의 지침서가 되도록 했어요. 1975년에 '북미주 한국인권수호협의회'가 결성될 때에도 명예회장으로 추대되었습니다.

김재준은 캐나다 생활 10년째인 1983년 9월 귀국했어요. 국내에서는 전두환이 군사 쿠데타를 일으켜 헌정을 짓밟고 광주에서 무고한 시민 수백

명을 살상하는 등 폭정이 자행되고 있었습니다. 김재준은 10년 만에 돌아온 고국산천을 둘러보고자 전국을 순례한 데 이어 민주화운동과 평화통일운동을 지속하고자 '재야 원로 모임'에 참여했습니다.

김재준은 1987년 1월 전두환 정권이 고문으로 죽인 서울대학교 학생 박종철의 국민 추도회 발기인으로 참여했습니다. 그리고 함석헌과 함께 「새해 머리에 국민에게 드리는 글」을 유언으로 남긴 채, 1월 27일 서울 한양대학교 부속 병원에서 87세로 별세하였습니다.

1983년 귀국해서 숨을 거둘 때까지 거동이 불편한 가운데서도 김재준의 '걱정'은 좀처럼 마르지 않았어요. 타계하기 여드레 전 그는 함석헌과 함께 박종철 고문치사, 김근태 고문 사건 등을 개탄하여 하느님 앞에 결단을 촉구하는 유언 같은 메시지를 남겼습니다.

함께 민주화운동을 하다가 청주교도소에 수감되어 있던 문익환 목사는 김재준의 부음 소식을 듣고 다음과 같은 추도시를 지었답니다.

> 스승이시여
> 큰 스승이시여
> 하늘 같은 땅 같은 스승이시여
> 당신이 가실 날이 이렇게 오고야 말았군요
> 구만리 장공 훨훨 나는 마음으로
> 이 강산 굽이굽이 안가는 데 없이 불어대는 슬픈 바람으로
> 언제 어디서나 우리와 함께 하시려고
> 87년 긴 세월 당신을 떼메고 다니느라 늙어버린 몸
> 마침내 벗어버리고 가셨군요
> 홀가분히 아주아주 홀가분이 …….

「큰 스승이여」라는 제목이 붙은 문익환의 이 조시는 276행의 장시였답

니다. 이 추도시는 각계 민주 인사들이 참석하여 거행된 장례식장에서 박형규 목사에 의해 낭독되었습니다. 추도시가 낭독될 때 장례식장은 눈물바다가 되었지요.

하늘 씨앗을 땅속에 심은 영성

김재준은 한국에 비판 신학을 도입하여 진보 신학의 뿌리를 내린 신학자였습니다. 그는 한국신학대학을 설립한 교육자로서, 3선 개헌 반대와 반 유신 투쟁을 지도하는 민주화운동의 선각자로서 활동하였지요. 60세가 넘은 나이에 민주화운동에 뛰어들어 1960년대 이후 한국 교회의 현실참여의 길을 텄습니다.

김재준은 1983년에 펴낸 자서전『범용기(凡庸記)』의 서문에서 자신이 민주화운동에 참여하게 된 배경을 밝히고 있습니다.

> 나의 사회 참여의 시기는 '3선 개헌 반대 범국민 투쟁 위원회' 때부터 강화되었다. 그 전에도 없었던 것은 아니지만 그것이 '짐'(burden)이 되어 나를 누르는 정도는 아니었다. 통틀어 말해서 나는 내 혈육 공동체를 내 삶의 '핵'으로 생각한다. 그것이 사회 관심에로 전개되고 교회와 국가와 민족에의 관심으로 응결된 것이다.
>
> 교회는 내게 있어서 혈육에서가 아닌 신적인 공동체이다. '은혜'의 기관이다. 그러나 내 전체로서의 삶에서 분리되거나 제외된 것이 아니다. 그러기에 내 삶의 기록에서는 내 집에서 자라나는 자녀들 이야기가 교회와 사회와 국가의 이야기 속에 자연스레 섞여 있다. 용서로 읽어 주면 좋겠다.

이러한 김재준의 사회 참여에 대해 김도형은 다음과 같이 평가했지요.

> 미국 선교사의 젖을 먹고 자란 극단적 보수 신학만이 한국 기독교를 지배하던 때 새롭게 신학하는 방법을 도입해 정면으로 맞서다 '이단'으로 몰려 목사직까지 박탈당했으며, 5·16 이후 교회의 울타리를 넘어 나라의 민주화를 위한 교회의 역할을 외친 그의 신학적 신념은 '정치 목사'라는 비난을 줄곧 감수해야 했다.
>
> 하지만 '축복'을 강조하는 새로운 형태의 기복 신앙과 대형 교회주의로 대표되는 물량주의가 한국 교회의 현상을 상징하는 이즈음 그의 도전과 고난은 개인의 구원만이 아닌 교회의 모습이 무엇이냐는 질문 앞에 역사적 연구 과제를 남긴다.

김재준의 삶은 고난의 생애였습니다. 청소년기에 역사와 민족에 대한 관심을 갖게 되고 기독교에 귀의한 이후 줄곧 옳고 곧은 삶을 살았어요. 그러면서 개혁 목사로서 항상 시인의 정신을 마음속 깊이 간직한 넉넉한 지도자였습니다. 1966년에 그가 쓴 종교시 「어두운 밤 마음에 잠겨」는 작곡가 이동훈의 곡으로 살아나 찬송가 「교회의 노래」(261장)로 애창되었답니다.

> 어두운 밤 마음에 잠겨 역사에 어둠 짙었을 때
> 계명성 동쪽에 밝아 이 나라 여명이 왔다
> 고요한 아침의 나라 빛 속에 새롭다
> 이 빛 삶 속에 얽혀 이 땅에 생명 탑 놓아 간다
>
> 옥토에 뿌리는 깊어 하늘로 줄기 가지 솟을 때
> 가지 잎 억만 헤어 그 열매 만민이 산다

고요한 아침의 나라 일꾼을 부른다
하늘 씨앗이 되어 역사의 생명을 이어가리.

김재준이 남긴 유산은 적지 않습니다. 한국 개신교의 교육 기관인 한국신학대학을 설립한 것을 비롯하여 기독교의 역사의식을 일깨우고, 어려웠던 시기에 반독재 민주화운동을 이끌었지요. 우리나라의 민주주의가 군인 독재자들에게 짓밟히던 시절에 그는 두려움 없이 이들과 싸우고, 민주화 투쟁의 훌륭한 전통을 남겼습니다.

김재준을 잘 아는 후학과 제자들의 스승에 관한 평가를 모았습니다.

나에게 그 누군가가 김재준 목사라는 분이 누구냐고 묻는다면 나는 이렇게 말하고 싶다. 그분은 예수 그리스도의 복음을 접하여 구만 리 창공을 날아오른 자유인이 되고, 하늘 씨앗을 땅속에 심은 성육신적 영성으로 영글어져, 한국에 그리스도교가 전래된 지 200년 만에 대승적 기독교 시대를 연 선구자라고.

(김경재 교수)

김재준 선생님은 또 성빈생활(聖貧生活)을 몸소 실천하고 계셨다. 당시 그는 한 달에 70원의 봉급을 받았는데, 그 중 22원만 쓰고 나머지는 모두 고학하는 학생들의 뒤를 보살피는 데 쓰고 있었다. 그가 다 떨어진 옷을 꿰매 입고 다니던 모습은 지금도 생생히 기억난다.

(강원룡 목사)

장공(長空, 김재준의 호)이 한국 교회에 끼친 가장 큰 영향은 무엇인가? 전문가들은 자유혼을 바탕으로 한 학문의 자유 추구, 교육 사업을 꼽는 데 주저하지 않는다.

(김도형 교수)

장공의 미묘한 샬롬의 세계는 그가 남긴 신학적 서술이나 글을 통해서도 어느 정도 정리가 될 수 있겠지만 그보다는 그의 구체적인 삶의 이 구석 저 구석을 살펴보면서 그의 향취와, 조용하면서도 격동하고 있는 그의 생명의 호흡을 느껴 보는 접근방법을 통해 더 짙게 이해가 될 수 있을 것 같다.

(이상철 목사)

민주·통일 운동의 선구자 문익환

민족 운동 가문에서 태어나다

"늦봄 문익환, 그로 인해 우리는 잘못된 수치심 없이 저 아득한 20세기의 나날들을 다시 들여다 볼 수 있게 되었고, 또 분단·전쟁·국가폭력 같은 두려운 단어들이 아닌 따뜻한 언어로도 우리의 역사를 기록할 수 있다는 사실을 배웠다. 어떤 악조건 속에서도 인간의 품위를 잃지 않고 꿈과 사랑을 보여준 그의 업적 덕분에 새로운 세대는 다른 눈으로, 더 잘, 더 자유롭게, 더 정직하게 자기들의 시대를 껴안을 수 있게 되었다."

『문익환 평전』을 쓴 김형수 시인의 글입니다. 이 짧은 언급은 문익환의 많은 것을 압축하고 있습니다. 문익환, 그는 20세기 후반 독재 치하의 한국에서 목사·시인·민주화운동가·통일운동가·노동자의 벗으로 치열한 삶을 산, 대단히 다양하고 역동적인 이였습니다.

문익환은 3·1 혁명 한 해 전인 1918년 6월 1일 두만강 건너 만주 북간도 명동에서 아버지 문재린과 어머니 김신묵의 맏아들로 태어납니다. 부모가 함께 민족운동을 해온 기독교 가문이지요. 태어난 장소 역시 근대 한민족의 고난이 서린 곳이어서 그의 신산한 운명을 보여줍니다.

6세 때에 북간도의 조선인 학교 명동소학교에 입학한 문익환은 15세 때인 1932년 만주 용정에 있는 은진중학교를 다니다 평양의 숭실중학교로 전학합니다. 하지만 기독교 집안에서 성장한 문익환은 어린 나이에도 조선총독부의 신사 참배를 거부하고, 숭실중학교를 자퇴하지요. 그리고 광명중학교로 옮겨, 거기서 졸업을 합니다.

문익환은 신학문을 배워야 한다는 부모님의 뜻에 따라 1938년 도쿄에 있는 일본신학교에 입학하여, 고학을 하면서 신학을 공부했어요. 장차 아버지의 뒤를 이어 목사가 되고자 신학을 택한 것입니다.

일본이 미국 하와이를 공격하면서 태평양전쟁이 발발하자, 일제는 조선 청년들을 전쟁터로 끌어가는 징병제를 실시했어요. 문익환은 일본군에 들어갈 수 없다는 생각에서 학병을 거부하고 만주로 돌아가 봉천신학교에 입학합니다. 그리고 만보산 한인교회 전도사로 근무하면서 신앙생활을 하다, 이곳에서 해방을 맞게 됩니다.

문익환은 해방 이듬해인 1946년 8월 걸어서 신의주, 사리원, 개성을 거쳐 서울로 왔어요. 문익환은 아버지가 목회를 하고 있던 경상북도 김천으로 내려가, 아버지가 그곳에 세운 배영중학교에서 성경과 영어를 가르칩니다. 이어서 구미교회 전도사로 일하면서 1947년 6월 한국신학대학을 졸업하고 목사 안수를 받습니다. 그리고 서울의 을지로교회 전도사가 되었어요.

문익환은 향학열이 대단했어요. 1949년 그는 더 공부를 해야겠다는 마음에서 미국으로 건너가 프린스턴신학교에 입학합니다. 공부를 마치고 귀국했을 때 6·25 전쟁이 발발했어요.

문익환은 UN군을 지원하면서 판문점에서 정전 회담의 통역으로 근무합니다. 그리고 일본 도쿄의 유엔군 사령부에서 미군에게 한국말을 가르치는 학교의 교장을 하며, 직접 교재를 만들었습니다. 영문으로 된 한국어 교재였지요.

정전 협정의 체결로 전쟁이 끝나자 문익환은 유엔군 통역 역할을 마칩니다. 그리고 1954년 8월에 다시 미국으로 건너가 프린스턴신학교 대학원 과정을 밟아 신학석사 학위를 받습니다. 이듬해 귀국하여 한국신학대학에서 구약학 교수로 봉직하게 됩니다. 이어서 1965년부터 다시 미국 유니온신학교에 입학하여 2년간 공부를 더했어요. 이때도 충분한 학비가 없어서 고학을 했답니다.

장준하 의문사를 계기로 역사 현장에

당시 국내에서는 5·16 쿠데타가 일어나고, 정부의 굴욕적인 한일 회담 반대 투쟁이 전개되고 있었어요. 하지만 문익환은 신학 공부와 선교 활동에 열중하였지요. 기독교 신·구교 공동 번역 책임 위원을 지내고, 1968년부터 8년 동안 히브리어 성경을 쉬운 우리말로 번역하면서 구약의 40% 정도를 차지하고 있는 시(詩)를 이해하기 위해 시를 공부합니다. 이것이 그가 시인이 되는 계기였어요. 문익환은 1973년에 첫 시집 『새삼스런 하루』를 간행했지요.

문익환이 본격적으로 반독재 민주화운동에 투신한 것은 1975년 8월 광복군 출신으로 〈사상계〉를 발행하던 친구 장준하가 유신 치하에서 의문사를 당한 것을 지켜보면서였어요. 이제부터는 장준하의 못 다한 몫까지 대변하겠다는 신념으로, 58세라는 늦깎이로 민주화운동에 참여한 것입니다.

성경의 욥기에는 "시작은 미약하지만 끝은 창대하리라."라는 구절이 있습니다. 이와 마찬가지로 비록 뒤늦게 참여한 민주화운동이지만, 이후 전개된 반독재 투쟁과 평화통일 운동에서 문익환의 역할은 창대했습니다. 그동안 쌓인 학문적 역량과 사심이 없는 신앙심, 민주화에 대한 열정이 그를 민중의 벗이 되고, 지도자로 떠받들리게 한 것입니다.

문익환은 1975년 8월 안병무, 서남동, 이문영, 문동환, 이우정 등 박정희 정권에서 쫓겨난 해직 교수들과 함께 고난 받는 사람들을 위한 갈릴리 교회를 시작합니다. 이 모임을 주도했던 사람들은 1976년 「3·1 민주 구국 선언」 사건으로 전원이 구속됩니다.

문익환은 박정희 대통령의 유신 헌법과 강압 통치를 비판하면서 「3·1 민주 구국 선언」을 기초하여 윤보선, 김대중, 함석헌, 정일형, 이태영, 문동환, 함세웅, 문정현 등과 함께 3월 1일 명동성당에서 선포합니다. 그리고 모두 긴급조치 위반 등의 혐의로 구속됐어요. 이른바 '3·1 명동 사건'으로, 문익환의 첫 번째 구속 사건이지요.

문익환은 윤보선·김대중·함석헌 등과 함께 주모자로 몰려 징역 5년, 자격 정지 5년을 선고받습니다. 재판정에서 그는 당당하게 소신을 밝혔어요. 그리고 전주교도소에 수감되어서는 "나라와 민족의 장래를 위한" 25일 간의 옥중 단식을 단행합니다. 그렇게 문익환은 1977년 11월 말 형 집행 정지로 석방될 때까지 22개월의 '제1차 옥고'를 치렀지요.

석방이 되었다고 곧 자유의 몸이 된 것은 아니었습니다. 문익환은 출소한 후에도 민주화운동을 계속했고, 1978년 10월 13일 유신 헌법의 비민주성을 폭로했다는 이유로 형 집행 정지가 취소되어 재수감됩니다. 이 '제2차 옥고'는 1979년 10월 26일 박정희가 암살되면서 13개월 만에 끝이 납니다.

반독재 민주화 투쟁으로 거듭된 옥살이

하지만 박정희의 죽음으로 민주주의가 바로 찾아온 것은 아니었어요. 전두환이 12·12 군사 쿠데타로 군권을 장악한 데 이어 1980년 5월 17일 다시 쿠데타를 일으킵니다. 문익환은 김대중, 함석헌, 이문영 등 26명과 함께 사회 혼란 조성 및 학생과 노조의 소요를 배후 조종했다는 혐의로 구속되지요. 이번에는 공주교도소에서 23일 간 단식하면서 옥중 투쟁을 전개합니다. '제3차 옥고'는 27개월 만인 1982년 12월에 끝납니다.

석방된 문익환는 1983년 1월 갈릴리교회 목사로 부임하지요. 이 교회는 탄압받는 학생·노동자들과 민주 인사들의 공부방이고 집회 장소가 되었습니다. 이즈음 정국은 더욱 뜨거워졌지요. 야당과 재야 민주 세력이 연대하여 반 전두환 투쟁을 벌이고, 전두환 정권은 검찰과 경찰을 사병화하면서 이들을 심하게 탄압했어요.

1984년 10월 19일 재야 민주 인사들이 중심이 되어 '민주통일국민회의'(국민회의)를 결성합니다. 국민회의는 국민 각계의 민주·민권 운동을 대표하고 국민의 정치적 의사를 대변하며, 강력한 선전 활동을 통해 전두환 정권의 독재와 반국민적 정책을 비판하고자 결성되었지요. 문익환은 의장으로 선출되어 국민회의를 이끌었답니다.

문익환은 그 사이에 제2시집 『꿈을 비는 마음』(1978)과 제3시집 『난 뒤로 물러설 수 없어요』(1984), 옥중서한집 『꿈이 오는 새벽녘』(1984)을 각각 간행합니다. 이어서 1985년에는 『통일은 어떻게 가능한가』를 펴내어 통일의 당위성과 함께 방법론을 제시했어요. 이 책은 그의 통일에 관한 철학과 비전에 오롯이 담겨 국민의 관심을 모았지요.

전두환 정권의 폭정은 그칠 줄 몰랐습니다. 아니, 더욱 가중되었어요. 민주화 세력의 저항도 그만큼 거세졌지요. 문익환은 반독재 투쟁의 맨 앞에 서서 강연을 하거나 시위를 했습니다. 그리고 압제자들이 선한 인간의 본성으로 돌아오도록 기도회를 열었습니다. 1980년대 중반기 크고 작은 재야인사들의 시위에 그가 빠지는 때는 거의 없었답니다.

1985년에 문익환은 서울의 각 대학과 노동 현장을 비롯하여 지방 대학의 초청을 받고 순회 강연을 다녔습니다. 그러던 중 서울대학교와 대구 계명대학교 순회 연설에서 학생들을 선동했다는 이유로 수배되었어요. 초청한 학생회 간부들이 연행되어 고생한다는 소식을 들은 그는 경찰서에 자진 출두합니다. 학생들의 피해를 막기 위해서였지요.

1985년 5월 20일 '집회 및 시위에 관한 법률' 위반 혐의로 구속 기소되었으나, 문익환은 단호히 재판을 거부합니다. 정의롭지 못한 사법부의 재판은 받아들일 수 없다는 생각에서였지요. 결국 1심에서 3년형을 선고받고 진주교도소에 수감됩니다. '제4차 투옥'은 1987년 7월 8일 출옥할 때까지 26개월 동안 이어집니다.

문익환이 옥중에 있을 때에 '6월 항쟁'이 일어납니다. 1987년 6월 10일부터 약 20일 동안 계속된 6월 항쟁은, 노태우 민주정의당 대통령 후보가 '6·29 선언'을 할 때까지 전국적으로 수백만 명이 참여하며 전개되었지요. 문익환은 옥중에서 6월 항쟁의 소식을 들으며 하느님과 민주 국민에게 감사의 기도를 드렸습니다. 하지만 갇힌 몸이라 항쟁에 참여하지 못한 것을 못내 아쉬워하였지요. 6월 항쟁은 어느 측면에선 그동안 문익환 등 민주 인사들의 헌신에서 비롯되었던 것입니다.

6월 항쟁으로 전두환은 물러났지만, 그의 후임 노태우가 야권 후보의 분열에 힘입어 제13대 대통령에 당선되었지요. 문익환은 1988년 초 대통령 선거에서 실패한 책임을 지고 '민통련' 의장직을 사임합니다. '민통련'은 '민주통일민중운동연합'의 약칭으로, 1985년에 조직된 재야의 대표적인 민주화운동 단체였지요.

민통련은 6월 항쟁을 이끌어내는 데 큰 역할을 했어요. 그리고 직선제로 실시된 1987년 12월 16일의 제13대 대통령 선거 과정에서 야권의 김대중과 김영삼, 두 김씨의 후보 단일화를 추진했으나 실패했지요. 이로 인해 노태우가 당선되어 군정이 연장되는 결과를 가져오게 된 것입니다.

문익환은 이에 대한 도의적 책임을 지고 민통련 의장을 사임한 것이지요. 하지만 재야 민주 인사들은 1988년 6월 그를 다시 민통련 의장으로 추

'민주화실천가족운동협의회'의 명동대회에 참석해 강연하는 문익환. ⓒ박용수

대하였답니다. 재야에서 그의 비중과 위상을 따를 사람이 흔치 않았던 까닭입니다.

노태우의 집권은 전두환 때와는 달랐습니다. 6월 항쟁을 통해 국민의 역량이 그만큼 성장하고, 야당이 국회의 다수 의석을 차지하면서 정부를 견제했기 때문에 노태우가 독재를 하기는 쉽지 않았지요.

평화 통일을 위해 평양을 방문하다

문익환은 1989년 3월 25일 전격적으로 북한을 방문합니다. 당시 그는 '전국민족민주운동연합'(전민련)의 고문이었습니다. 평양에서 김일성 주석과 두 차례 만나 평화 통일 문제를 협의하는 등 활동을 마치고 귀환하자 정부는 국가보안법상의 잠입·탈출 혐의로 그를 구속합니다.

이 일로 문익환은 징역 7년을 선고받고 복역 중 1990년 10월 20일 형 집행 정지로 19개월 만에 전주교도소에서 출감합니다. 문익환은 '5차 투옥'에서 석방된 후 한 작가와 인터뷰에서 자신의 통일관을 말합니다.

> 내가 바라는 통일이란 어느 한쪽이 이기고 어느 한쪽이 지는 식의 이야기가 아니란 말이야. 모두가 승리자가 되는 길, 모두에게 이로운 길을 찾아보자. 그러기 위해서는 말로 하는 대화가 아니라 가슴과 눈으로 하는 대화가 필요하다고 생각했고 이번에 그것을 실천해 보려고 한 거야.

석방될 때 그의 나이 어느덧 73세가 되었습니다. 하지만 가슴 속에는 민주화와 통일에 대한 열망이 용암처럼 분출하고 있었어요. 몸은 노쇠해도 마음은 항상 청춘이었답니다. 출옥 후 『히브리 민중사』, 『가슴으로 만난 평양』, 『빼앗긴 변론』, 『걸어서라도 갈테야』 등 저서를 간행합니다.

1991년 1월에 '조국통일범민족연합 남측 본부 결성 준비위원회'가 발족되면서 문익환을 위원장으로 추대했어요. 그는 이 해 5월 18일 '5·18 광주민중항쟁유족회'가 주는 '5월 시민상'을 수상합니다.

노태우 정권은 3당 야합으로 다시 원내 과반수를 장악하면서 독재 권력의 횡포를 자행합니다. 공안 정국이 조성되고, 1991년 4월 26일 명지대학교 경제학과 1학년 강경대가 경찰이 휘두른 쇠파이프에 구타당하여 사망한 사건이 벌어졌어요. 문익환은 강경대 장례위원회 위원장으로서 진상규명 운동을 벌이다가 6월 6일 재수감됩니다. 정부가 형 집행 정지를 취소한 것이지요. '제6차 투옥'이었습니다.

노벨 평화상 후보에 추천되기도

옥중에 있을 즈음 미국의 종교 단체 퀘이커가 문익환을 노벨 평화상 후보로 추천한 것을 계기로 서울에서 '문익환 선생 노벨 평화상 수상을 위한 후원회'가 발족되었어요. 또 세 번째 옥중 서한집과 『옥중일기』가 각각 출간되었습니다.

문익환은 1993년 3월 6일 형 집행 정지로 21개월 만에 출옥합니다. 76세의 노령도, 거듭되는 투옥도 그의 민주화와 통일에 대한 열정을 막을 수 없었지요. 출옥한 그는 '통일맞이 7천만 겨레 모임 운동'을 제창하고, 제4차 범민족대회 서울 대회의 대회장으로 추대됩니다.

하지만 불굴의 신념과 열정으로 뒤늦게 뛰어든 재야의 황량한 텃밭에서 민주와 통일의 씨앗을 뿌리고 가꾸던 문익환은 거듭된 옥고로 심신이 쇠약해졌지요. 결국 1994년 1월 18일 저녁 자택에서 졸도하여, 한일병원으로 옮겼으나 회복하지 못한 채 눈을 감았습니다. 향년 77세, 파란 많은 생애였습니다. 그러나 값진 삶이었어요.

문익환은 정식 재판을 받아 투옥된 것만 여섯 차례, 옥살이 기간 114개월, 이밖에도 걸핏하면 정보기관원의 미행과 가택 연금, 구치 등 50대 후반기부터 10여 년을 감옥에서 보낼 만큼 고난의 세월을 살았지요. 그러면서도 그는 순결한 시인의 정신과 희생·봉사 정신을 본질로 하는 기독교 신앙으로 야만의 군부 독재 시대를 극복했어요. 현실에서는 질곡의 긴 세월을 어렵게 살았지만 역사에서는 승리자로 기록됩니다.

문익환이 감옥에서 쓴 「꽃들의 양심」 중에서 일부를 소개할게요.

> 노란 꽃 양심은 노란 빛으로 곱고
> 흰 꽃 양심은 흰 빛으로 환하고
> 빨간 꽃 양심은 밭가는 소의 디룩디룩 하는 눈처럼 눈물겹게 어질고

진달래꽃 양심은 온 산천을 서러운 분노로 물들이고
개나리꽃 양심은 온 마음을 황금빛으로 불 밝히고
너희들을 키워주고 곱게 피워주는
저 거무칙칙한 땅 어디에
그런 아름다움이 있었던가
……

시대의 양심이 된 주교 지학순

언제나 이웃과 함께하려고 했던 신부

박정희 유신 독재 시대에 종교의 울타리를 넘어 민주화 운동에 나선 신·구교 지도자 중에서도 지학순 주교는 순교의 자세로 앞장섰지요. 독재 정권의 하수인들에게 쫓기는 학생·노동자들을 보호해주었으며, '양심 선언'을 통해 진실을 지키고 이를 대중화시켰습니다.

지학순은 1921년 9월 9일 평안남도 중화군 중화면 청학리에서 아버지 지태견과 어머니 김태길의 6남매 중 넷째로 태어났어요. 가정 형편은 중농 정도였다고 합니다.

지학순은 서당에서 한문을 수학하고, 보통학교에 이어 동성학교 을조(신부 코스)에 들어갔어요. 하지만 4학년 때 병에 걸려 4년 동안 집에서 쉬면서 중화군청과 중화재판소 출장소에서 일을 했어요.

지학순은 13세 때에 중화천주교회에서 메리놀 선교회 소속 요셉 콜먼 신부로부터 영세를 받았습니다. 영세명은 다니엘이었어요. 천주교에 입교한 것은 할머니가 병중에 세례를 받고 돌아가시면서 온 집안이 천주교를 믿게 되었기 때문이지요.

1949년 5월 지학순은 남한으로 내려오다가 해주에서 붙잡혀 4개월 동안 황해도 해주 감옥에 수감되기도 했어요. 그리고 1950년 1월 17일 마침내 월남에 성공합니다.

서울에 온 지학순은 가톨릭대학 신학부에 입학했습니다. 그리고 6·25 전쟁이 일어나자 국군에 지원 입대하여 근무 중 사고로 부상을 입기도 하지요. 지학순은 1952년에 제대하고, 이 해 12월 15일 사제에 서품된 데 이어 1956년 로마에 유학하여 우루바노대학에서 교회법학박사 학위를 받고 1959년 귀국합니다.

지학순은 1953년 청주북문로성당 보좌 신부, 1960년 가톨릭대 교수, 1962년 부산 초장동천주교회 주임 신부에 이어 1965년 9월 원주교구가 신설되면서 주교로 서품됩니다. 지학순은 원주에 와서 농촌과 탄광을 돌아보고 그들의 참상을 알고서 고통 받는 이웃들, 사회 저변층의 생활 실태에 관심을 갖게 되었답니다. 그리고 원주교구를 1970년대 반독재 민주화의 성지로 육성하였어요.

지학순은 가톨릭농민회에도 열심히 관여했어요. 가톨릭농민회는 농민의 단결과 협력으로 농민의 권력을 옹호하고 사회정의의 실현을 통한 농촌 사회의 복음화와 인류 공동체에 기여할 것을 목적으로 결성된 단체입니다. 1964년 10월 가톨릭노동청년회의 농촌청년부로 출발하여 1966년 10월 가톨릭농촌청년회로 발족하고, 1972년 가톨릭농민회로 정식 출범하게 되었지요.

지학순은 가톨릭농민회 결성 이후 농민들의 권익 옹호와 민주 의식의 고취를 위해 농촌 마을을 순방하며 농촌 청년들을 교육합니다. 1970년대에 가톨릭농민회는 유일한 농민운동 단체로서 농협 민주화 투쟁, 함평 고구마 피해 보상 투쟁, 강제 경작 반대 투쟁을 벌이는 한편, 농민운동 탄압 등에 맞서 싸웠지요. 지학순은 지원을 아끼지 않았습니다.

시국 선언에 참여하고 독재 정권을 비판하다

박정희의 독재가 심해지고 인권이 탄압받게 되면서 '평범'했던 종교 지도자가 반독재 민주화의 힘겨운 십자가를 짊어지게 됩니다. 유신 체제가 들어서자 기독교 측에서는 1973년 4월 23일 남산 부활절 예배 사건, 5월 20일 한국 기독교인들의 신앙 선언문 발표 등 저항이 계속되었어요. 하지만 천주교 측은 비교적 조용한 편이었지요. 그런 천주교 측에서 가장 먼저 저항의 횃불을 든 것은 지학순과 원동성당 신도들이었어요.

1971년 10월 5일 지학순은 교인들과 함께 시국 선언문을 발표하고 부정부패의 추방을 외치며 가두시위에 나서려고 했습니다. 하지만 경찰의 제지로 교회 안에서 3일간 철야 시위를 벌였어요. 그 후 가톨릭청년회는 개신교의 도시산업선교회와 연대하여 독재 정권을 비판하면서 부정부패 척결 운동을 전개합니다.

지학순은 1973년 11월 5일 서울 YWCA에서 낭독된 지식인의 「시국 선언」에 참여합니다. 민주수호국민협의회는 각계 인사 15인의 연서로 된 「시국 선언」을 발표하고, "인권과 이를 기본으로 하는 민주주의 체제 재건을 위해 전 국민이 각자의 장에서 궐기 투쟁할 것"을 호소했어요.

이 「시국 선언」은 지학순을 비롯하여 함석헌, 홍남순, 강기철, 계훈제, 김재준, 법정, 천관우, 정수일 등이 서명했습니다. 그 내용은 "현 정권의 독재 정치는 국내외적으로 최악의 상태에 국민을 처해 놓았다. 권력에 의한 법치 원칙 파괴, 정보 정치로 인한 불신 풍조, 특권층의 부정부패, 빈부 격차 극심, 집회·언론·학원·종교의 자유 억압 등에 의한 독재 체제 구축을 규탄한다."라면서 유신 체제를 정면으로 비판하였지요.

이때부터 지학순의 민주화운동은 정부의 탄압으로 가시밭길을 걷게 됩니다. 「시국 선언」에 참여한 후 1974년 여름, 지학순은 농민들의 개발 사업을 위해 유럽에 개발 자금을 신청하러 갔다가 7월 6일 귀국했어요. 그리고 기관원들에 의해 김포공항에서 연행됩니다.

연행된 지학순은 7월 16일 내란 선동 및 긴급조치 제1·4호 위반으로 기소되었어요. '내란 선동'이라는 무시무시한 죄목을 붙인 것은 민주화운동을 하다가 쫓기던 시인 김지하에게 생활비를 준 것 때문이지요.

지학순은 당뇨병 때문에 7월 16일부터 명동성모병원에 입원 중이었는데, 2명의 중앙정보부 요원에 의해 연금 상태에 있었어요. 교인들은 물론 일체의 외부 인사들의 출입이 통제된 상황에서 내란 선동, 정부 전복 음모 등이 명시된 공소장이 제시되었지요.

구속된 지학순은 7월 23일 '양심선언'을 합니다. 앞으로 어떠한 고통이 있더라도 양심에 어긋나는 일(말)을 하지 않겠다는 신념의 발현이었어요. 이후 민주 인사들과 학생들 사이에서는 경찰서나 검찰, 정보기관에 끌려가거나 수배중에 '양심선언'을 하는 일이 널리 퍼졌지요.

지학순의 '양심선언' 전문은 다음과 같습니다.

양심선언

본인은 1974년 7월 23일 오전 형사 피고인으로 소위 비상군법회의에 출두하라는 소환장을 받았다. 그러나 본인은 양심과 하느님의 정의가 허용하지 않으므로 소환에 불응한다. 본인은 분명히 말해두지만 본인에 대한 소위 비상군법회의의 어떠한 절차가 공포되더라도 그것은 본인이 스스로 출두한 것이 아니라 폭력으로 끌려간 것임을 미리 밝혀둔다.

1. 소위 유신 헌법이라는 것은 1972년 10월 17일에 민주 헌정을 배신적으로 파괴하고 국민의 의도와는 아무런 관계없이 폭력과 공갈과 국민투표라는 사기극에 의하여 조작된 것이기 때문에 무효이고 진리에 반대되는 것이다.

2. 소위 유신 헌법이라는 것은 국민의 최소한도의 양보할 수 없는 기본 인권과 기본적인 인간의 품위를 집권자 한 사람이 긴급 명령이라는 단순한 형식만 가지고 짓밟은 것이다. 이래서는 인간의 양심이 여지없이 파괴될 것이다.

3. 본인이 위반했다고 기소된 소위 대통령 긴급조치 제1호, 제4호는 우리나라의 오랜 역사상 가장 참혹한 자연법 유린의 하나이다. 이것들은 소위 유신 헌법의 개정을 청원하거나 건의하지 못하게 하고, 그것의 보도까지 금지하며, 소위 대통령 긴급조치는 그 자체에 대한 불만이나 반대의사조차 말하지 못하게 하여 이러한 금지를 위반하면 종신 징역 또는 사형에 처할 수 있다는 식이다.

4. 본인이 범했다고 그들이 기소한 또 하나의 죄목인 내란 선동은 본인이 그리스도 정신을 올바로 가졌기 때문에 억압받는 청년에게 그리스도적 정의와 사랑의 운동을 하라고 돈을 준 사실에 대하여 갖다 붙인 조작된 죄목이다.

5. 본인을 재판하겠다고 하는 소위 비상군법회의라는 것은 스스로 법과 양심에 따라 독립하여 재판할 수 없는 꼭두각시이다. 저들은 지금 수많은 정직한 사람들을 투옥하고 처형하는 데 있어서 비상군법회의라 불리는 형사 절차의 이름을 빌리고 싶은 것이다. 그러나 울부짖는 피고인들의 목소리는 밖으로 알려지지 않는 동안 통제된 신문들, 통제된 방송들, 통제된 텔레비전에서는 소위 검찰관의 증거 희박한 주장만이 사실로 나타난다.

이상 기록한 것이 나의 기본적인 주장이며 생각이다. 이외에는 어떠한 말이 나오더라도 나의 진정한 뜻에서 나오는 말이 아니라, 타의에 의한 강박에 의해서 나온 것임을 알아주기 바란다.

구속된 지학순은 1심과 2심의 군사재판에서 15년이란 중형을 선고받습니다. 지학순은 1974년 10월 7일 항소심 최후 진술에서 유신 체제의 부당성과 자신의 신념을 또렷이 밝힙니다.

1. 종교의 자유는 형식적으로 교회에서 가르치는 공동선과 사회정의를 발언하여 실천할 수 있을 때에 비로소 진실한 종교 자유가 허용된다.

2. 천주교의 교리는 폭력을 절대로 인정하지 않는다. 본인이 사숙하는 카마라 대주교, 간디, 마틴 루터 킹은 폭력을 반대한 분이다.

3. 나는 우리나라에서 민주주의가 실천되어야 한다고 믿는다. 다른 인사들과 더불어 민주주의를 부르짖고 자연법에 어긋나는 것을 지적, 비판했다고 해서 나를 기소한 것은 말이 되지 않는다. 천주교 주교인 나로서는 당연한 의무요 책임이라고 믿기 때문이다.

4. 공산주의가 왜 발생했는지를 아는가? 공산주의를 막는 길은 부정부패를 시정하고 사회정의를 실현하는 길밖에 없다. 나는 조국과 교회를 위해 내 몸을 바칠 것이다.

5. 나는 천주교 주교이다. 대통령이 되려고 하겠는가? 누가 정권을 잡든 관심이 없고, 내가 바라는 것은 국민의 기본권을 침해 받지 않고 사회정의가 수립되는 우리나라 사회와, 잘 되는 나라를 바랄 뿐이다.

지학순의 당당한 법정 투쟁은 수많은 민주 인사들에게 용기와 신념을 안겨주었어요. 특히 그의 구속을 계기로 천주교의 양심적인 신부들이 들고 일어났습니다. 1974년 9월 24일 전국의 사제 300여 명이 원주시의 천주교 원동성당에서 긴급 모임을 갖고 '천주교정의구현사제단'(사제단)을 결성합니다. '사제단'은 이후 반독재 민주화 투쟁의 전위가 되었으며, 지금까지도 꾸준하게 활동하고 있지요.

1970년대 천주교 원동성당은 민주화의 성지였습니다. 박정희의 거듭되는 긴급조치에도 아랑곳없이 지학순 주교와 신도들, 일반 시민들이 모여 독재 정권을 비판하고 쫓기는 자들을 보호하였어요.

이 날 사제단은「기도하는 전국 사제단의 주장」이란 성명을 발표합니다.

> 1. 1974년 7월 23일 명동성당에서 선포된 지학순 주교의 '양심선언'을 적극 지지한다.
>
> 2. 대통령 긴급조치 제2호(비상군법회의)를 즉각 해제하여 현재 투옥 중인 지 주교, 목사, 교수, 변호사, 학생 등을 즉각 석방하라.
>
> 3. 이 땅 위에 민주주의가 회복되고 인간 존엄성과 기본권이 보장될 때까지 우리 사제단은 '주교단 사목 교서' 내용을 준수하며 사태의 진전을 예의 주시하면서 기도회를 계속한다. 이러한 우리의 결의는 곧 그리스도의 진리와 정의와 사랑을 실현키 위한 사명 완수의 길임을 확인한다.

지학순은 1975년 2월 17일 구속 7개월여 만에 서울구치소에서 구속 집행 정지로 석방됩니다. 하지만 그의 민주화운동은 조금도 위축되거나 멈

석방 환영 인파와 함께 성당으로 향하는 행진 앞에 서 있는 지학순 (오른쪽에서 네 번째).
ⓒ 경향신문사

추지 않았지요. 그리고 교회는 물론 한국 사회의 사회정의 구현에 앞장섭니다.

'사회정의' 구현에 앞장서다

지학순은 오래 전부터 '사회정의' 실현에 각별한 관심을 가져왔어요. 하느님의 뜻은 정의로운 사회를 만드는 것이고, 성직자와 신도들은 이를 구현해야 한다는 신념을 가지고 있었지요.

지학순은 1971년 12월호 〈창조〉 지에 「부패의 실상과 사회정의-원주 시위의 체험적 시말기」라는 글을 싣습니다.

지금 한국 사회에는 부정부패가 만연하여 사회정의는 그 흔적을 찾아 볼 수 없고 인간의 기본권과 생존권이 말살당하고 있는데, 방에 들어앉아 기도나 드리고 있으면 무슨 큰 기적이 일어나 오늘의 교회가 부르짖는 것 같은 정의가 충일한 세상이 될까!

정말 내가 교회가 요구하는 올바른 주교라면 교회가 이렇게 애타게 호소하는 이 소리를 거저 듣고만 앉아 있는 것으로 나의 의무를 다했다고 할 수 있을까!

나는 늘 마음에 이런 충격을 느끼며 언젠가는 힘차게 일어나서 동지들을 규합하여 이 나라, 이 백성을 위해서 교회가 명하는 지상과제를 수행해야 하겠다는 생각을 가지고 있었다.

1976년 1월 23일에는 함세웅 신부, 문익환 목사 등 신·구교 성직자들과 신도 800여 명이 참가한 가운데 인권과 민주주의 근본 원칙을 지킬 것을 요구하는 내용의 「공동 선언문」을 발표했어요.

지학순은 1978년 7월 각계 인사 300여 명이 '민주주의국민연합'을 결성하고, 1979년 3월에 이를 확대 개편하여 '민주주의와 민족통일을 위한 국민연합'(국민연합)을 창설할 때에도 적극 참여합니다.

국민연합은 유신 체제 철폐와 민주 정부 수립을 당면 목표로 정하고, 민주주의와 민족 통일을 위해 평화적으로 투쟁할 것을 밝혔지요. 박정희가 암살당한 후 전두환 군부 세력이 계엄령을 선포하여 국민에게 침묵을 강요하며 간접 선거를 통해 전두환을 대통령으로 선출하려고 하자, 국민연합이 제일 먼저 반대 운동을 전개하는 등 큰 역할을 하였습니다.

지학순은 1985년 9월 평양 방문단의 일원으로 참가하여 평양을 다녀왔어요. 월남할 때 헤어진 가족을 만나기 위해서였답니다. 보고 싶었던 형제자매는 대부분 세상을 떠나고 여동생 지용화만을 만났어요. 그는 평양을 다녀온 후 소감을 묻는 기자에게 말했지요.

한마디로 슬프고 괴로울 뿐입니다. 건강이 나쁩니다만 몸보다 마음이 더 아팠습니다. 가장 보고 싶었던 형님, 누님, 큰 조카 등 가족 7~8명이 세상을 이미 떠났고, 이북의 산도 물도 옛 모습이 아니었습니다.

이후 지학순은 남쪽에서 민주화가 이루어지면 국민의 힘으로 남북 화해 협력이 가능해서 통일의 길로 가게 될 것으로 믿고 더욱 민주화운동에 정진하다가 1993년 지병으로 선종했습니다.

정의의 편에 선 성직자 김수환

옹기장수 아들로 태어나다

칠흑같이 어두운 시대에 세상을 밝히는 가녀린 촛불을 든 성직자가 있었습니다. '땅의 소금'이 아니라 '소금장수'로 변하여 치부와 무사안일에 빠진 여느 종교 지도자들과는 크게 달랐지요. 독재자에게는 할 말을 하고, 민주주의를 지키려다 쫓기는 '어린 양'들을 보호해 주었어요. 김수환 추기경입니다.

김수환은 1922년 7월 2일 대구에서 가난한 옹기장수인 아버지 김영석과 어머니 서중하 사이에서 태어났습니다. 김수환의 할아버지는 일찍 천주교 신앙을 받아들인 독실한 신자로서 1868년 무진박해 때에 충청남도 연산에서 체포돼 서울에서 순교하였답니다. 그래서 아버지는 박해를 피해 다니며 옹기장수로 근근이 생계를 유지하던 중 대구 처녀인 어머니를 만나 대구에서 살게 되었지요.

김수환은 3~4세 때에 경상북도 선산으로 이사하여 그곳에서 어린 시절을 보냈습니다. 아버지의 장사일로 한 곳에 오랫동안 머물러 살지 못했던 것 같습니다. 지독하게 가난한 살림이어서 5남 3녀의 자녀들은 하루 두끼

식사도 하기 어려웠다고 합니다. 군위에서 살 때는 옹기장수와 농사일도 함께 하면서 살았지요. 설상가상으로 그가 초등학교 1학년 때에 아버지가 해수병으로 돌아가셨답니다. 심한 노동으로 건강을 상한 것이지요.

이후 어머니가 홀로 대가족의 살림을 맡고 자식들을 키웁니다. 어머니는 대단한 여장부였다고 합니다. 어머니는 평생토록 옹기와 포목을 머리에 이고 다니면서 장사를 하여 자식들을 먹이고 교육을 시켰어요.

김수환이 초등학교에 다니던 어느 날, 어머니가 형과 그를 불러놓고 "너희는 이다음에 커서 신부가 되라."라고 말씀하셨어요. 할아버지 이래 천주교 신앙 가족이었지만, 아직 어린 나이였고 장래 무엇이 될지 생각도 하지 않은 때에 어머니의 말씀은 큰 충격이었지요. 이렇게 김수환은 어머니의 품안에서 신앙심을 키우며 성장합니다.

초등학교 5학년 때 가족이 대구로 이사하여 김수환은 성 유스티노신학교 부설 초등학교로 전학합니다. 졸업 후에는 성 유스티노신학교를 거쳐 서울에 있는 동성상업학교에 입학하지요.

'황국신민'을 거부하고 일본으로 유학

김수환이 서울 동성상업학교에 다니던 시절, 하마터면 학교에서 퇴학을 당할 뻔한 일이 생겼습니다. 5학년 졸업반 수신 과목 시험 때였지요. 시험 문제는 "조선반도의 청소년 학도에 보내는 일본 천황의 칙유를 받은 황국신민으로서 그 소감을 쓰라."라는 거였어요. 일제 말기 총독부는 한국 사람들을 일본의 충용한 신민으로 만들기 위해 온갖 짓을 다했지요.

문제를 본 김수환은 분노하는 마음을 억제하지 못했습니다. 하지만 마음을 가다듬어 "나는 황국신민이 아님. 따라서 소감이 없음."이라고 또렷이 써서 제출했지요. 당연히 난리가 났지요. 이런 글이 밖으로 알려지면

학생은 물론 학교가 폐교되는 시련이 닥칠 일이었어요. 교장 선생님이 김수환을 불렀습니다.

그때의 교장 선생님은 4월 혁명 후 국무총리가 된 장면이었답니다. 교장 선생님은 사건을 확대하지 않고 무마시켰어요. 그리고 김수환의 정신을 높이 사서 대구대목구 무세 주교에게 부탁하여 일본 유학을 알선시켜 주었지요. 용기를 갖고 한 일로 인해 퇴학은커녕 해외 유학의 행운을 얻게 된 것입니다.

이렇게 하여 김수환은 천주교 대구교구 장학생으로 선발되어, 1941년 4월 일본 도쿄의 조치대학 문학부 철학과에 입학하게 됩니다. 일본 유학 중 제2차 세계대전이 발발하고, 김수환은 1944년 입영 통지서를 받게 되었어요. 그리고 일본 중부 지역 나가노 근처의 마츠모토라는 곳에서 훈련을 받다가 일본의 패전으로 이듬해 다시 학교로 돌아옵니다.

1946년 귀국한 김수환은 서울 성신대학에 들어가 신학 공부를 계속하면서 어머니의 꿈이었던 사제의 길을 걷고자 합니다. 그리고 1951년 9월 대구 계산동 성당에서 마침내 사제로 서품이 되었습니다. 11세에 어머니한테 등을 떠밀려 신학생이 된 그가 드디어 30세에 신부가 된 것입니다. 모두 엄격하면서도 신앙심이 깊고 억척스러웠던 어머니의 영향 덕택이었습니다.

신부 서품을 받은 김수환은 안동본당 신부로 발령을 받습니다. 아직 전쟁이 끝나지 않은 때라서 나라가 대단히 어려운 시기였습니다. 모두가 먹고 살기도 어려운 시기에 그는 신자들과 생활을 함께 하면서 하나님의 뜻을 나누고 이웃에 봉사합니다. 1955년 경상북도 김천 본당 주임 겸 성의중·고등학교 교장 등을 맡아 활동하는 등, 김수환은 30대 초반의 젊은 성직자로서 신자와 주민들의 충실한 벗이 되었지요.

1956년 김수환은 공부를 더 해야겠다는 생각에서 독일로 유학을 떠나 뮌스터대학교 대학원에서 그리스도 사회학을 전공합니다. 7년 간 그곳에서 체류할 때에 마침 교황인 요한 23세가 소집한 제2차 바티칸 공의회가 열렸어요. 이를 계기로 당시 독일에서는 공의회 정신에 따른 가톨릭의 변화와 쇄신의 물결이 요동치고 있었지요. 김수환의 천주교 쇄신과 현실 참여는 이때 독일에서 배운 정신이 크게 밑받침이 되었답니다.

1962년 귀국한 김수환은 1년 8개월 동안 〈가톨릭시보〉(현 〈가톨릭신문〉) 사장을 지내며 언론을 통한 천주교 정신의 구현과 사회 정화에 기여합니다. 그는 경영에도 수완을 발휘하여 신문사를 크게 육성했답니다.

한국 최초의 추기경이 되다

김수환은 1966년에 주교 서품을 받습니다. 같은 해에 새로 만들어진 마산교구의 초대 교구장으로 임명됨과 아울러 주교가 되었지요. 주교에 서품되면서 김수환은 교회 활동과 사회에 대한 발언을 하기 시작합니다. 노동자 문제를 비롯하여 정치적 발언도 서슴지 않았어요.

1961년 5·16 쿠데타 이후 박정희 정부가 추진해 온 경제 개발 정책에서 노동자와 농민들이 소외되거나 노동조합 결성 등이 크게 탄압받고 있었지요. 김수환은 그런 노동자들의 벗이 되고 대변인 노릇을 합니다. 정부와 기업주들을 상대로 불법과 부당 노동 행위에 대해 끊임없이 발언하지요. 정부의 계속되는 반 서민·반 노동 정책을 해결하기 위해서, 그리고 인간의 기본권과 사회 정의를 위해 천주교 사제의 본연의 역할을 다합니다.

김수환은 1969년 4월 28일 교황 바오로 6세에 의해 추기경으로 서임됩니다. 우리나라 천주교 역사에서 최초의 추기경이 된 것입니다. 자신과 가문, 한국 천주교는 물론 한국 전체의 명예이고 축복이었지요. 하지만 김수환은 그보다는 박해받는 사람들의 권익을 위해 더 큰 일을 할 수 있게 되어 더욱 기뻤습니다.

종묘에서 장충단공원까지 청빈 선언 대행진 행사를 위해 걷고 있는 김수환(맨 앞줄 왼쪽에서 네 번째)과 신자들. ⓒ 경향신문사

이 무렵 박정희가 독재 정치를 강화하면서 학생, 노동자들이 탄압을 받고 있었답니다. 박정희 대통령은 1969년 3선 개헌을 강행하여 장기 집권을 꿈꾸고, 이어서 1972년에 다시 유신 쿠데타를 감행하여 우리나라의 민주주의를 뿌리부터 짓밟았습니다. 정치적 격동기에 민주주의와 교회를 지키는 일이 쉬운 것은 아니었습니다. 밖으로는 권력의 박해가 따르고 안으로는 그동안 무사안일에 취해온 보수적 교인들의 압력이 가해졌지요. 하지만 김수환은 천주교의 성역 안에 스스로를 가두지 않았습니다.

유신 체제에서 명동성당은 한국 민주주의의 성지가 되었습니다. 재야인사·학생·노동자들이 민주화와 노동운동을 하다가 쫓기면 어김없이 명동성당 안으로 들어왔고, 김수환은 이들을 포근한 가슴으로 맞아주고 보호했지요. 그리고 박정희 정권을 향해 민주주의를 회복할 것을 매섭게 질타합니다.

1979년 10·26 사태로 박정희가 암살당하고, 12·12 쿠데타를 통해 전두환이 권력자로 등장합니다. 그리고 민주화를 요구하는 광주의 시민과 학생을 무자비하게 학살했어요.

1980년대 한국 사회에서는 다시 한 번 반독재 민주화의 거센 저항 운동이 전개되었답니다. 김수환과 한국 천주교 그리고 명동성당은 이번에도 민주 회복 운동의 구심이 되고 성지가 되는 역할을 마다하지 않았어요. 김수환의 신념과 용기 있는 발언은 국민들에게 희망을 주었지요.

김수환은 12·12 쿠데타를 통해 군권을 장악한 전두환 장군이 어느 날 명동성당으로 인사를 오자 "서부 활극을 보는 것 같군요. 서부 영화를 보면 총을 먼저 빼든 사람이 이기지 않아요."라고 뼈 있는 말을 서슴지 않았답니다.

명동성당을 민주화의 성지로 만들다

전두환의 폭정이 심해지면서 민주화운동도 더욱 강화되었지요. 반독재 투쟁의 전위는 대학생들이었습니다. 1987년 1월 14일 서울대학교 학생 박종철이 치안본부 남영동 대공분실에서 조사를 받던 중 수사요원 조한경, 강진규 등의 고문으로 사망하는 사건이 발생합니다. 온 국민이 분노하는 고문치사 사건이었지요.

김수환은 특별 성명과 미사를 통해 "이 정권에 '하느님이 두렵지도 않느냐'고 묻고 싶습니다. 이 정권의 뿌리에 양심과 도덕이라는 게 있습니까? 총칼의 힘밖에 없는 것 같습니다. 지금 하느님께서는 우리에게 묻고 계십니다. '너희 젊은이, 너희 국민의 한 사람인 박종철은 어디 있느냐?' '그것은 고문 경찰관 두 사람이 한 일이니 모르는 일입니다.' 하면서 잡아떼고 있습니다. 바로 카인의 대답입니다."라며 전두환 정권의 반민주·반

인륜적인 행위를 세차게 비판했어요.

1987년 전두환 정권은 이른바 '4·13 호헌 조치'라 하여, 당시 헌법대로 간접 선거를 통해 대통령을 선출하겠다고 발표합니다. 국민들의 바람은 직선제 개헌을 통해 유신 이래 빼앗긴 국민의 권리를 회복하자는 것이었는데, 정부가 이를 거부한 것입니다. 이때에도 김수환은 강경한 메시지를 통해 국민의 권리를 국민에게 되돌려 줘야 한다고 주장합니다.

1987년 6월 10일 서울을 비롯하여 전국 주요 도시에서 일제히 직선제 개헌과 민주화를 요구하는 '6월 항쟁'이 전개되었어요. 전두환 정권은 마지막 발악으로 시위 학생과 시민들을 무차별 검거하고, 최루탄을 발사하여 시위를 막고자 했지요. 많은 시민들이 경찰에 쫓겨 명동성당으로 들어갔습니다.

경찰 기동대가 명동성당으로 들어오려 하자 김수환이 단호하게 선언합니다. "경찰이 들어오면 맨 앞에 내가 있을 것이고, 그 뒤 신부들, 그 뒤에 수녀들이 있을 것이오. 그리고 그 뒤에 학생들이 있을 것이오." 하고 버텼어요. 경찰은 명동성당으로 들어오지 못한 채 물러났어요. 명동성당은 반독재 민주화 투쟁의 피신처 또는 산실의 역할을 하고, 김수환은 독재 권력도 함부로 어찌하기 어려운 거대한 버팀목이 되었답니다.

우리나라 삼한 시대에 천신을 제사 지내는 성지로 소도(蘇塗)라는 제도가 있어요. 성역으로 다루어져 국법의 힘이 미치지 못하여, 설혹 죄인이 이곳으로 오면 그를 잡아갈 수 없었지요. 현재 민속 신앙의 '솟대'도 여기에서 기원한다고 합니다. 1970~1980년대 명동성당은 현대판 '소도'의 구실을 하였고, 김수환은 신관(神官)과 같은 역할을 수행하였지요.

김수환은 말했어요. "나는 1970~80년대 격동기를 헤쳐 나오는 동안 진보니, 좌경이니 하는 생각을 해본 적이 없다. 정치적 의도나 목적을 두고 한 일은 더욱 없다. 가난한 사람들, 고통 받는 사람들, 그래서 약자라고 불리는 사람들 편에서 그들의 존엄성을 지켜주려고 했을 뿐이다."라고. 그는 약자들을 지키고 보호하는 목자가 된 것입니다.

어떤 정파나 이데올로기 차원에서가 아니라 종교인으로서, 하느님의 사제로서 약자와 고통 받는 이들을 대변한다는 소신이었지요. 이러한 김수환을 당시 보수 언론과 보수 정치인들이 격렬하게 비난하였습니다. 하지만 김수환은 최일남과의 인터뷰에서 분명히 말합니다.

> 교회라는 것은 본시 교회 자체를 위한 교회가 아니고 사회 속에서 사회와 교회를 위한 것이어야 합니다. 더 넓게 세계를 위한 교회여야 합니다. 따라서 주변이나 이웃 또는 성속(聖俗)의 구별, 다시 말하면 종교와 정치는 엄격히 분리되어야 한다는 것이었습니다. 교회는 세속적인 문제에 관여해서는 안 된다는 견해였습니다. 제2차 바티칸 공회 – 이 회는 현대화에 역사적인 일을 한 사람 중의 한 분인 교황 요한 23세가 소집한 것입니다만, 거기에서 교회는 오늘의 인류 속에서 어떻게 구원의 역사를 펼 것인가가 논의되면서 교회의 반성과 역할이 크게 고조되었습니다.
>
> 이 시대의 요청에 의해 드러나는 하느님의 뜻을 어떻게 반영할 것인가를 깨달으면서 인권 문제에 대해 발언하기 시작했습니다. 교회가 자기 본래의 사명을 다시 한 번 깊이 반성해서 나온 것이지요.

김수환은 민주주의 회복과 핍박받은 사람들의 인권 보호를 위해 헌신하는 한편 한국 천주교의 기틀을 다지는 일에도 노력을 아끼지 않았지요. 1981년은 조선교구 설정 150주년이고, 1984년은 한국 천주교 창립 200주년이 되는 해였어요. 천주교로서는 둘 다 큰 의미가 있는 해이어서 두 가지 행사를 잘 준비하고 치렀습니다. 그리고 〈평화방송〉을 개국하여 언론의 기능을 더욱 강화하였어요.

김수환은 1975년 한국 천주교 주교회의 의장으로 선임되어 1차 연임되고, 이 해부터 1998년까지 평양교구장 서리를 겸임하게 됩니다. '겸임'의 꼬리표가 붙은 것은 현실적으로 평양에 가서 활동을 하기 어렵기 때문이었습니다. 김수환은 북한 동포들에게 하느님의 말씀을 전하고자 하는 노력을 게을리하지 않았지만 현실을 장벽은 너무 높았지요.

북한을 방문할 몇 번의 기회가 있었어요. 북한 당국이 초청장을 보내오기도 했고요. 그러나 방문은 한 번도 성사되지 못했어요. 이에 대해 김수환은 다음과 같이 말했습니다.

> 나 역시 식량을 조금이라도 더 보내 주려는 마음에서 할 수 있는 일을 다 했다. 언젠가 북한 식량난에 대한 국민적 관심을 불러일으키기 위해 신문·방송사 카메라 앞에서 옥수수묵을 떠먹어 보기도 했다. 그런데 솔직히 말하면 좀 섭섭하다. 상대편이 우리 마음을 제대로 받아 주질 않는 것 같다. 인적 교류건 물적 지원이건 일회성에 그친다. 도무지 마음을 열려고 하지 않는다. 그럴 때면 아직도 높기만 한 분단의 벽을 실감한다.

평양교구장 서리로서의 애환이 묻어 있음을 보여 주는 발언이었습니다.

퇴임 후에도 힘겨운 이들과 함께해

김수환은 1992년에 교황에게 건강상의 이유와 함께 곧 21세기가 열리는데 '새 술을 새 부대'에 담으려면 새로운 지도자가 필요하다면서 사임서를 제출했지만 수리되지 않았어요. 이후 그는 1998년 77세의 나이로 교구장직에서 물러납니다. 원래 교구장 정년은 교회법상 만 75세이지만, 교황청의 만류로 다소 늦어진 것입니다.

김수환은 재임시의 과로는 물론, 노령에 따른 중이염과 오랜 고질인 불면증으로 심한 고통을 겪고 있었어요. 그런 중에서도 그의 도움의 손길을 필요로 하는 사람들은 끊이지 않았답니다. 그가 머물고 있던 혜화동 주교관은 밤과 낮을 가리지 않고 밀려오는 사람들로 북새통이었답니다. 그를 따르고 존경하는 사람이 그만큼 많았던 것입니다.

> 내가 혜화동으로 이사 오니까 수위실 아저씨들과 신부들이 문단속에 많은 신경을 쓴다. 생면부지의 사람이 예고 없이 밤늦게 내 방 앞까지 들어와 놀란 일이 몇 번 있었다. 한 사람은 전과자인데 도움을 청하러 서너 번 찾아온 모양이다.
>
> 그 이후로 내가 무슨 변을 당할까봐 출입을 더 엄격히 통제하고 있는데 꼭 그럴 필요가 있을까 하는 생각이 든다. 낯선 방문객에게 시달려도 좋으니 사람들이 자유롭게 들락거릴 수 있도록 하자고 해도 내 말을 듣지 않는다.

김수환은 은퇴 후에도 고통 받고 서러운 국민의 친근한 벗이 되었어요. 그리고 2009년 2월 16일 88세의 일기로 조용히 선종하였습니다. "너희와 모든 이를 위하여"라는 자신의 사목 표어를 한시도 내려놓지 않고, '세상 속의 교회'를 지향하면서, 그리고 이 땅의 소금 역할을 충실히 하면서 88년의 웅대한 삶을 접었습니다.

4부. 정의로운 법과 민주주의를 위하여

40년 인권 변호사 이병린

고통 받는 동포들을 위해 변호사가 되다

변호사는 인권을 지키는 파수꾼입니다. 혹독한 일제 치하에서도 민족적 양심과 인권 정신에 투철했던 변호사들은 독립운동가와 그 가족을 변호했고, 해방 후 역대 독재 정권 시대에도 민주주의와 인권 수호를 위해 헌신한 변호사들이 있었어요.

이병린은 40여 년을 변호사로만 일관하면서 인권 변론의 길을 걸은 인권 변호사입니다. 그는 엠네스티 한국 지부를 창설하고, 우리나라의 첫 재야 민주화운동 단체인 민주수호국민협의회(민수협)을 조직하였으며, 서울변호사협회와 대한변호사협회 회장 등을 역임한 민주화운동의 원로 지도자입니다.

이병린은 1911년 2월 3일(음력) 경기도 양평군 단월면 산음리에서 한의사인 아버지 이명구와 어머니 유영랑 사이의 3형제 중 막내로 태어났습니다. 어머니는 의병장 의암 유인석의 증손녀로서 모범적인 가정 주부였어요. 아버지는 서울과 경기도 연천에서 한약방을 운영하다가 나라가 망하자 염세증에 걸려 48세에 돌아가셨습니다.

아버지가 돌아가시면서 집안 살림이 크게 어려워져 이병린이 성장할 때에는 학비를 제대로 내지 못하고 한겨울에도 내의 없이 지냈어요. 그는 1925년 3월 경기도 연천보통학교를 졸업하고, 이듬해에 최유순과 결혼합니다. 당시의 조혼 풍습을 따른 것이지요.

머리가 우수했던 이병린은 가정의 어려움 속에서도 경성고등보통학교에 입학하여 1930년 3월에 졸업하고, 경성사범학교에 들어가 이듬해 졸업했어요. 그는 1932년부터 경기도 안성군의 공도공립보통학교 교사로 부임하고, 1935년 4월에 서울 매동공립보통학교 교사, 1937년 4월 경성상업실수학교(현 덕수고등학교) 교사를 지냅니다.

하지만 이병린은 일제의 식민 통치에서 고통 받는 동포들에게 법률적인 구조를 제공하겠다는 생각으로 법률 공부를 하여 30세 때인 1940년 8월 고등고시 사법과에 합격했어요. 2년의 연수 과정을 거쳐 1942년 8월 함경도 청진에 법률 사무소를 열고 변호사를 개업합니다. 그리고 해방 이듬해인 1946년 5월부터 서울에서 변호사 개업을 했어요.

대한변협을 이끌며 인권 운동에 매진하다

1960년 이승만의 3·15 부정 선거에 맞서 마산의 시민·학생들이 봉기하였습니다. 경찰은 이들을 무차별 살상하고 학생들의 호주머니에 불온 유인물을 넣고는 이들을 용공으로 몰았어요. 당시 이병린은 대한변호사협회(대한변협) 소속 변호사로서 마산으로 내려가 진상 조사에 앞장섰답니다.

이병린이 본격적으로 반독재 인권 운동에 나선 것은 1964년 대한변협 회장 재직 때입니다. 박정희 정권의 굴욕적인 한일 회담 추진으로 학생, 야당, 시민들이 반대 운동을 벌였어요. 그리고 6월 3일에는 광화문까지 진출한 시위대가 “박정희 정권 타도”를 주장하기에 이르렀어요. 경찰이 이 시위를 진압하는 과정에서 사망자와 많은 부상자가 나왔습니다. 이른바 '6·3 사태'였어요.

그러자 정부는 이날 밤 계엄령을 선포하고 학생 지도자들과 언론인, 시민들을 구속합니다. 이병린은 6월 22일 「인권에 관한 건의서」를 작성하여 대통령·국무총리·계엄사령관에게 등기 우송하고, 언론사에 배포하였어요. '건의서'의 일부 내용은 다음과 같습니다.

> 1. 금번 선포된 비상계엄은 계엄법 제4조의 요건에 해당되지 아니한다고 사료되므로 즉시 해제할 것.
>
> 2. 6·3사태는 애국적 동기에서 유래되는 것이라고 사료되므로 이에 관련하여 구속된 학생·언론인·민중들을 석방하여 융화의 분위기를 조성할 것.
>
> 3. 계엄하라 할지라도 이미 질서가 회복되었고 계엄법 13조에 규정된 군사상 필요가 있다고 할 수 없는바 영장 없이 구속하고, 재판도 군법회의에서 단심제로 행하게 된다는 것은 국민 기본권에 대한 중대한 침해라고 하지 않을 수 없으므로 시급히 구속영장 제도를 부활하고 재판 관할권을 평시대로 일반 법원으로 이관시킬 것.
>
> ……

계엄군이 시내에 진주하고, 언론에 검열이 실시되는 등 살얼음판과 같은 시기였지요. 하지만 이병린은 법조인의 양식으로 그리고 대한변협 회장의 위치에서, 한 치의 두려움 없이 5개항을 적시한 것입니다.

하지만 박정희 정권은 이병린의 정당한 주장을 정치 보복으로 탄압했어요. 이병린은 영장도 없이 서대문경찰서에 구속되었어요. 6월 30일에는 육군본부 보통군법회의 검찰부로 송치됨과 동시에 서울교도소에 이감되었습니다. 하지만 계엄령 아래에서 일어난 일이어서 언론에는 전혀 보도되지 않았어요. 7월 28일 계엄령이 해제되면서 공소가 취하되어 출감하기까지 이병린은 32일간 옥고를 치렀습니다. 현직 대한변협 회장인데도 박정희 정권은 이런 짓을 저질렀지요. 그러나 감옥에서 풀려난 이병린은 조금도 위축되지 않았습니다.

반독재 단체 '민수협'을 조직하다

박정희는 1969년 장기 집권을 위해 3선 개헌을 강행하고 1971년 제7대 대통령 선거에 출마하였습니다. 이병린은 1인의 장기 집권을 위해 헌법을 뜯어 고치고 관권·부정 선거를 통해 정권을 연장하려는 박정희의 처사를 도저히 용납할 수가 없었어요.

제7대 대선을 앞둔 1971년 4월 8일 이병린은 종교계의 김재준, 언론계의 천관우를 비롯한 학계·법조계·문학계 등 각계 대표들을 규합하여 공명선거를 요구하는 「민주수호 국민선언」을 채택합니다. 그리고 4월 19일에는 '민주수호국민협의회'(민수협)을 발족하여 공동대표로 선출되었어요. 민수협은 비록 박정희의 관권 선거를 막지 못했으나 전국 각지에 선거 참관인을 파견하는 등 큰 역할을 하였습니다.

제7대 대선은 악명 높은 3·15 부정 선거를 무색케 하는 부정 선거였어요. 부정 선거에 대한 항의와 규탄의 시위가 전국으로 확대되자 정부는 많은 학생들을 구속했어요. 민수협은 이들을 위한 변호인단을 구성하여 활동했고, 이병린은 그 중심이 되었어요.

제7대 대통령에 당선된 박정희는 1971년 10월 15일 느닷없이 위수령을 발동하여 부정 선거를 규탄하는 고려대학교에 군대를 진입시켰습니다. 이어 12월 6일에는 다시 국가 비상 사태를 선언하지요. 그때마다 이병린은 그 부당성을 통박하는 성명서를 발표했어요.

1972년 이병린은 국제 앰네스티 한국 지부의 창설에 참여합니다. 앰네스티는 양심수 석방·지원, 사형 특히 정치범에 대한 사형 폐지 운동, 고문 폐지 운동을 전개하는 국제단체입니다. 박정희의 독재가 심화되면서 한국에서도 앰네스티 활동이 필요했던 것이지요. 3월 28일 이병린은 국제 앰네스티 한국 지부 이사장으로 선임되어 더욱 늘어난 양심수 등의 석방을 위해 노력합니다.

박정희는 1972년 10월 17일 계엄령을 선포하고, 국회를 해산시키면서 유신 체제를 출범시켰어요. 1961년 5·16 쿠데타에 이은 두 번째 쿠데타였습니다. 민주주의를 위해 힘겨운 싸움을 벌여온 이병린에게는 참담한 사태이고 좌절이었지요. 이제까지의 과정도 힘들었는데, 지금부터는 더욱 힘겨운 반독재 투쟁의 과제가 눈앞에 닥쳤습니다.

그렇다고 언제까지나 패배감에 젖어 움츠리고 있을 수는 없었어요. 이병린과 민주화운동 동지들은 1973년 10월 24일 '헌법개정청원 운동본부'를 설치하고, 1백만 명을 목표로 서명 운동을 전개합니다. 이보다 하루 전날에는 함석헌, 김재준, 김수환 등 15인과 함께 유신 헌법 개정을 요구하는 시국 선언을 했어요.

박정희 정권은 유신 헌법의 개정을 요구하는 재야와 학생들의 요구를 수용하기는커녕 긴급조치를 발동하여 탄압하기 시작합니다. 장준하, 백기완 등 많은 민주 인사와 학생들이 구속되었고, 군사재판에 회부되어 심한 고통을 겪게 되었어요. 박정희 정권은 헌법을 개정하자는 주장만 해도 군법회의에서 징역 15년을 선고하는 독재 정권이었답니다.

이병린은 이들을 변호하는 데 다시 분주한 나날을 보냅니다. 1974년 11월 27일에는 한승헌, 홍성우, 황인철, 임광규 변호사 등과 함께 「민주회복 국민선언」 발표에 참가하여 박정희 대통령에게 민주 헌법으로 개헌할 것을 촉구합니다.

민청학련 사건 등 대통령 긴급조치 사건의 조사를 위해 내한한 미국인 변호사 윌리엄 버틀러와 함께. (함석헌, 윤현, 한승헌, 부완혁, 이병린, 왼쪽 하단부터 시계 방향으로) ⓒ 국제엠네스티

반 유신 투쟁을 벌이다 구속당해

1974년 12월 25일 서울 YWCA에서 범민주 진영의 연대 투쟁 기구인 '민주회복국민회의'(국민회의)가 결성되었어요. 국민회의는 비정치 단체로서 정치 활동이 아닌 국민운동을 통해 '자주·평화·양심'의 행동 강령과 '민주 회복'이라는 목표를 실현하고자 하는 전국 규모의 단체였어요.

국민회의는 결성 대회에서 유신 헌법 철폐, 구속자 석방, 언론 자유 보장 등 6개항을 제시하면서 유신 정권과 첨예하게 대립하게 됩니다. 이병린은 창립 대회에서 함석헌, 김재준 등과 함께 대표위원으로 선임되어 이 단체를 이끌었습니다.

그동안 이병린의 줄기찬 민주화운동을 지켜보고 감시하던 박정희 정권은 1975년 1월 17일 갑자기 간통 사건 혐의를 씌워 그를 구속합니다. 그의 나이 65세 때의 일입니다. 일식집에서 일하는 한 여성의 생활비와 그 아들의 학비를 보태 준 것을 빌미로 간통 혐의로 구속한 것입니다.

정보기관은 국민회의 대표 사퇴 등 민주화운동에 손을 떼면 이 사건을 무마해 주겠다고 이병린을 회유합니다. 독재 정권은 민주 인사들의 개인적인 약점을 캐어 협박하거나 매수하고, 끝내 말을 듣지 않으면 엉뚱한 사건을 날조하여 사회적으로 매장시켰습니다. 이병린은 이같이 비열한 정부의 공작에 단호히 맞섰습니다. 그들의 요구를 거부한 것입니다. 그는 작가 최일남과의 인터뷰에서 이렇게 말했습니다.

> 나는 비밀 영장에 의해 구속되었습니다. 그때 혈압이 200이 넘으니까 병동으로 옮겨지기도 했는데, 구속되어 있는 동안에도 변호사협회 회장을 내놓으면 풀어준다고 교섭이 들어왔습니다. 그러나 나는 거절했습니다. 간통한 일도 없거니와, 협회장으로서 잘못한 일도 없으니, 그럴 수가 없다는 것이었지요. 결국 간통죄 처벌 근거가 없으니까 선거 며칠을 앞두고 한 달 만에 내주더군요.

무죄로 풀려나긴 했으나 한국변호사협회 회장과 국민회의 공동대표 등 사회적으로 비중이 큰 이병린의 구속은 언론에 크게 보도되었고, 당사자는 정신적으로 큰 상처를 입게 되었어요. 독재 정권은 이런 점을 노린 것입니다.

함석헌, 통곡의 조사

이병린은 건강을 회복하고 정신적인 안정을 도모하고자 1976년 1월 변호사 등록지를 대구변호사회로 옮기고 경북 상주에서 변호사를 개업하였어요. 이어 1977년 7월에는 경북 안동, 1979년 5월에는 경북 김천에서 변호사로서 억울한 사람들을 변호하며 서울의 민주화운동 단체들과는 지속적으로 연대하였지요.

1986년 4월 건강이 악화되어 변호사 업무를 중단하고 서울로 올라온 이병린은 8월 21일 76세를 일기로 눈을 감았습니다. 그의 장례식에서 민주화운동의 오랜 동지인 함석헌은 「통곡 이병린 변호사」라는 조사를 읽었어요.

> 인권 변호사님, 당신께서는 나라 운수가 기울어지는 때에 나서서 법률을 전공하셨으니, 소위 법치 국가라는 이 시대에 그 뜻이 있었음을 알 수 있고, 해방의 광명도 잠깐뿐 다시 암흑의 폭풍이 불기 시작할 때, 가면을 쓰고 동포를 속이는 박정희의 무리가 일어나 감히 민족중흥이란 속임수 구호를 외쳤을 때, 세상의 많은 지식인들이 폭풍 밑의 갈대같이 머리를 숙이고 아첨했을 때 오직 버티고 싸웠으니, 그 정신이 어떠했음을 가히 알 수 있습니다.
>
> 그런데 그 박정희는 하늘의 목 베임을 받았지만 그 남은 무리가 아직도 물러가려 하지 않고 민족을 만년 노예로 두고 짜먹으려 하는 이때에 당신이 훌쩍 가는 것은 웬일입니까!

이병린은 40여 년을 일관되게 변호사를 천직으로 여기며 억울한 사람들을 변론하면서 우리나라 민주화와, 변호사의 임무가 무엇인가를 보여주면서 험난한 시대를 의롭게 살다 갔습니다.

호남 인권의 대부 홍남순

뒤늦게 변호사 시험에 합격하다

못 살더라도 항상 깨끗하게 살아야 죽음에 이를 때에도 아무런 부끄러움이 없이 역사 앞에 발을 뻗을 수가 있습니다.

행복은 자유로부터 나오고 자유는 용기로부터 나옵니다.

평생을 인권 신장과 민주주의 수호에 헌신한 변호사 홍남순의 말입니다. '영원한 재야', '광주의 대부', '호남의 의인' 등으로 불리는 홍남순은 대한제국이 망한 지 2년 뒤인 1912년 6월 7일(음력) 전라남도 화순군 도곡면 효산리(현 모산리)에서 아버지 홍창식과 어머니 박도남의 2남 1녀 중 장남으로 태어났습니다.

홍남순은 어린 시절 엄격했던 할아버지에게서 한문을 배웁니다. 하지만 12세 때에 할아버지의 사망으로 중단하고, 가사를 돕다가 15세에 '월곡의숙'이라는 서당에 들어가지요. 그리고 이듬해에 화순의 공립 능주보통학교에 편입하여 2년 후 졸업했어요.

홍남순은 공부를 더 해야겠다는 일념으로 22세 되는 1933년 봄 일본으로 밀항하여 4월 5일 와카야마 시립 상공학교에 입학합니다. 일본으로 가기까지에는 곡절과 난관이 많았지요. 공부를 계속하고 싶었으나 아버지가 반대했어요. "5대 종손이니 농사나 지으면서 집안을 지키라."라는 것이었어요. 하지만 결국 아버지를 설득하여 목포에서 밀항선을 타고 제주도를 거쳐 9일 만에 일본에 도착합니다.

홍남순은 일본 오사카에 사는 당숙의 도움을 받는 한편, 고학을 하면서 와카야마 시립 상공학교를 다녔어요. 1937년 3월에 학교를 졸업한 홍남순은 와세다대학으로 가서 법률을 공부하려고 했습니다. 하지만 그의 성실성을 눈여겨 본 교장 선생이 자기 밑에서 법률 공부를 하여 판·검사가 되라고 붙잡았지요. 그래서 이 학교 특설 법학과에서 3년 동안 법률 공부를 하게 되었습니다.

1940년 귀국한 홍남순은 1년간 집에서 공부하다가 광주지방재판소 서기로 취직을 합니다. 1년 후 30세의 나이에 21세의 윤이정과 결혼을 했어요. 당시로서는 대단히 늦은 결혼이었었답니다.

34세에 해방을 맞은 홍남순은 1946년 1월 광주지방법원 등기소장에 취임했어요. 그리고 대한민국 정부가 수립된 1948년 10월 변호사 시험에 합격합니다. 이 역시 늦은 37세 때의 일이지요. 일제 패망과 해방, 미군정, 좌우 대립 등 해방 공간의 혼란기여서 그의 입신(立身)도 늦어진 것입니다.

홍남순은 1953년 6월 광주시 궁동 15번지에서 변호사 사무실을 개업합니다. 이곳은 그가 사망할 때까지 변호사 사무실이자 자택이 되었어요. 이후 그는 6년간의 판사 생활과 한때 독재 정권에 의해 자격증을 박탈당한 시기를 제외하면 95세로 숨질 때까지 변호사로서 인권과 민주화의 '칼날과 방패' 역할을 하게 됩니다.

홍남순은 1953년 군법무관에 임관되어 제주 육군 신병 훈련소와 6군단에서 복무하고 3년 만에 만기 제대를 합니다. 그 후 1957년 광주지방법원 판사, 1960년 광주고등법원 판사, 1961년 대전지방법원 강경지원장, 1962년 다시 광주지방법원 판사를 역임하지요. 그리고 1963년 10월 변호사를 개업합니다.

그 사이에 국제연합 한국협회 전남지부 이사, 〈법치주보(法治週報)〉 논설위원, 국회의원 선거관리위원장(광주 을구) 등을 지냅니다.

늦깎이 시민운동가가 되다

홍남순이 사회·정치 문제에 발언하고 나선 것은 박정희 정권이 추진한 굴욕적인 한일협정 때문이었습니다. 1964년 3월 15일 '대일 굴욕외교 반대 범국민 투쟁위원회'가 결성되면서 그는 전남지부 지도위원으로 참여했어요. 당시 그의 나이 53세, 늦깎이 시민운동가인 셈입니다. 이어서 호남 푸대접 시정 대책위원회 위원장, 6·8 부정 선거 전면 무효화 투쟁위원회 전남지부 위원장 등을 맡아 활동합니다.

홍남순이 본격적으로 박정희 독재 정권에 저항하는 운동에 참여한 것은 1969년 3선 개헌 반대 투쟁부터입니다. 박정희가 1인 장기 집권을 위해 3선 개헌을 강행하면서 야당·재야·학생들이 반대 투쟁에 나서고, '3선 개헌 반대 범국민 투쟁위원회'가 구성되었어요. 이때 홍남순은 전라남도 위원장에 피선되어 광주의 전남도청 앞에서 시위를 벌였습니다. 이로 인해 집회 및 시위에 관한 법률 위반으로 불구속 기소되어 5년 만에 선고유예 판결을 받게 되지요.

1971년 4월 19일 김재준, 이병린, 천관우 등이 민주수호국민협의회를 구성하자, 홍남순은 전라남도 대표이사에 선임되었습니다. 이듬해 광주변호사회 회장에 피선되지요. 그리고 1972년 10월 유신이 선포되자 1973년 10월 5일 지식인 15인 시국 선언에 참여한 데 이어, 10월 24일에는 장준하,

담소를 나누고 있는 홍남순(왼쪽)과 문익환(오른쪽). ⓒ 박용수

백기완 등이 중심이 된 개헌 청원 100만인 서명 운동의 전남 지역 책임을 맡습니다.

100만인 서명 운동과 관련하여 홍남순은 중앙정보부에 끌려가 3일 만에 풀려나는 등 고초를 당했습니다. 비록 현직 변호사여서 검찰과 경찰이 함부로 다루지는 못했으나, 60세가 넘은 그로서는 힘든 날이 많았답니다.

반독재 민주화 투쟁의 경우 서울에서는 그나마 참여자가 많아 인원 동원이 비교적 수월하고, 많은 언론기관과 외신 기자들이 있어서 홍보가 쉬운 편이었어요. 하지만 지방은 여건이 어려웠지요. 그런데도 홍남순은 3선 개헌 반대 투쟁 이래 각종 민주화운동에서 빠지지 않고 지방 조직을 맡아 세력을 확대했어요.

재야의 반 유신 단체로는 최대 규모인 민주회복국민회의가 1974년 12월에 결성되자, 홍남순은 이번에도 어김없이 전라남도 대표상임위원에 피선되었습니다. 1978년 7월 민주주의와 민족통일을 위한 국민연합 결성 대회

때에는 서울에서 체포되었다가 3일 만에 풀려나기도 했지요. 이어서 인천 동일방직 사건 긴급 대책위원회 위원, 민주헌정동지회 전남 조직책 등을 맡아 활동합니다.

광주민주항쟁으로 15년형을 선고받다

1979년 10·26 사태로 박정희가 암살되면서 유신 체제는 붕괴되었습니다. 하지만 전두환 일당이 군권을 장악한 데 이어, 1980년 5월 17일 다시 쿠데타를 일으켜 정권을 찬탈했어요. 이에 광주에서 시민·학생들이 저항하고 일어나자 전두환 신군부 세력은 시민들을 무차별 학살합니다.

홍남순은 마침 서울에 있다가 참사의 소식을 전해 듣고 급히 광주로 내려 왔지요. 그리고 무고한 시민들의 희생을 용납할 수 없어 광주 5·18 사태 수습 대책 위원회를 조직하고, 수습위원으로서 전남북 지역 계엄사령관 소준열을 만나 수습을 위한 담판을 벌였습니다. 하지만 군경 합동 수사반은 홍남순은 물론 부인과 3남까지 체포하여 보안대 소속 부대 영창에 15일, 공군 부대 영창에 3개월간 구금하였어요. 영장도 없이 불법 구금한 것입니다.

이렇게 구속된 홍남순은 10월 25일 육군 고등군법회의에서 무기징역을 선고받습니다. 그리고 광주교도소로 이감된 후 15년으로 감형됩니다. 하지만 69세의 노인에게는 무기징역과 15년 징역은 별로 차이가 없는 것이지요.

홍남순은 상고를 했어요. 하지만 전두환 정권에서는 법원이 자율성이 없었어요. 당연히 항소심이나 상고심에서 달라지는 것은 없었고, 결국 15년이 확정됩니다. 이후 7년 징역으로 감형된 홍남순은 충남 홍성교도소로 이감되어 기약 없는 옥살이를 하게 되었어요.

전두환 정권이 홍남순에게 가혹하게 장기 징역을 선고한 것은 그가 1980년 3월에 박정희를 암살한 김재규 전 중앙정보부장을 위한 구명위원회를 조직하여 활동한 데 대한 보복의 성격도 있었습니다. 구명위원회는 김재규가 "온 국민이 열망하는 나라의 민주 회복을 위해 자신의 생명을 던지기로 하고 10·26 사태를 일으켰다."라고 주장하면서 극형만을 면해야 한다고 주장했었답니다.

홍남순은 1980년 12월 17일 육군 고등군법회의 항소심 공판에서 1시간이 넘도록 조리 있는 최후 진술을 하여 함께 구속된 학생들과 방청한 가족들에게 용기와 감명을 주었어요. 서두 부분입니다.

> 본인은 1심 재판 과정을 보고 항소를 제기치 않으려 했으나, 이번의 광주 사태의 공판은 국내는 물론 국제적으로도 중대한 관심을 갖고 결과를 지켜보고 있기 때문에 폭도의 수괴로 지목된 내가 항소를 포기한다면 마치 1심 공판에 승복한 인상을 받을 우려가 있고, 구속된 학생과 시민들의 간곡한 권유도 있었고 또한 역사적인 재판이기 때문에 항소를 하기에 이른 것입니다.

홍남순은 1981년 12월 25일 성탄절을 기해 형 집행 정지로 석방되었습니다. 1년 7개월 동안 혹독한 수사와 가혹 행위, 이어지는 재판 그리고 수형 생활을 70이 다 되는 노령으로 감내하기는 쉽지 않았지요. 건강이 많이 상했어요. 그러나 민주주의에 대한 신념과 광주시민들을 무차별 학살한 전두환 신군부 세력에 대한 반항 정신은 조금도 식지 않았습니다.

홍남순은 1983년 5월 31일 서울 기독교회관에서 함석헌, 문익환, 이문영, 예춘호와 함께 「긴급 민주 선언」을 발표하고 단식에 들어갔습니다. 또 6월 18일 아침 단식 해제와 동시에 「제2 긴급 민주 선언」을 발표했어요. 여전히 전두환 정권의 서릿발이 치던 때였습니다.

이 해에 발행된 홍남순의 고희 기념 논문집에 함석헌이 쓴 「지(知)와 인(仁)과 용(勇)」이라는 제목의 글이 있는데, 그 중 한 대목을 소개합니다.

> 일을 바로 꿰뚫어 보았으니 지(知) 아닌가? 남과 나를 구별 않았으니 인(仁) 아닌가? 옳은 일인 줄 안 다음에 목숨을 아끼지 않았으니 용(勇) 아닌가?
>
> 아, 그런데 어느 날 '홍남순이가 내란의 주동자' 라고 하지 않나? 내 귀를 의심했다.
>
> 사형 구형을 했다고 하지 않았나?
>
> 살고 싶지가 않았다. 이따위 놈의 나라에 살아선 뭘 하느냐? 홍남순이 사형당하는 꼴을 살아서 보는 것이 사람이겠느냐? 죽기라도 해야 하느님한테 가서 찍소리라도 하지!
>
> 일이 그나마라도, 완전치는 못해도 얼마쯤 풀려서 이 소리라도 하게 된 것을 다행으로 안다.
>
> 몇 달 동안에 머리가 하얗게 세어서 나온 모습을 보고 울고 싶었다. 그러나 다음 순간에 "그것이 하느님이 주신 '영광의 표' 아니냐? 아멘!"

죽을 때까지 양심을 지킨 변호사

풀려난 홍남순은 다시 변호사 등록을 하고 개업을 서둘렀어요. '돈벌이'의 목적보다 광주항쟁과 민주화 투쟁 과정에서 소송 중이거나 옥고를 치루고 있는 사람들을 돕기 위해서였어요.

옥중에 있던 민중 시인 김남주가 어느 날 영치금을 넣어주고 직접 면회를 온 홍남순을 만나고 나서 용기와 신념을 다졌다고 할 만큼, 그는 많은 수형인들에게 용기를 주었지요.

1984년 8월 25일, '광주 5·18 구속자협의회'가 창립되면서 홍남순은 회장으로 선임되었습니다. 또 1985년 8월 10일에는 '5·18 광주민중혁명 기념사업 및 위령탑 건립 추진위원회' 위원장에 피선되었어요.

'5·18 광주민중혁명 기념사업 및 위령탑 건립추진위원회'의 구성 과정에서 명칭을 두고 논란이 많았습니다. 여전히 전두환의 폭압이 심한 살얼음판의 시대였기 때문이지요. 하지만 홍남순은 '감옥에 갈 각오'를 하고 '5·18 광주민중혁명 기념사업'이란 명칭을 붙이고 이를 관철시켰습니다.

이를 두고 관계 당국이 명칭 사용을 거부하면서 개정을 요구했어요. 그리고 홍남순이 이를 거부하자 그를 구속할 움직임을 보였지요. 그러나 홍남순을 구속했다가는 제2의 광주항쟁이 일어날까 두려워하여 그냥 넘어갔습니다.

홍남순은 1986년 3월 전남민주회복국민협의회 의장에 선출되어 민주회복을 위해 노력하며 노익장을 과시합니다. 1986년 12월 10일 인권의 날에는 대한변호사협회 회장이 증정하는 인권상을 수상하고, 1993년 12월 10일 정부로부터 국민훈장 무궁화장이 서훈되었지요.

홍남순은 1990년 10월 공증인가 호남합동법률사무소를 개설하여 민주 인사와 노동자들의 권익을 위해 변호하다가 2006년 10월 14일, 95세에 뇌일혈로 쓰러져 눈을 감았습니다. 그리고 독재에 함께 항거하다 먼저 간 5·18 영령들이 묻힌 국립 5·18 민주 묘지에 안장되었습니다.

최초의 여성 변호사 이태영

일찍 아버지 잃은 시골 소녀

5천년 남성 위주의 전통 사회에서 여성들의 활동 무대는 비좁았습니다. 1919년 3·1 혁명에 여성들이 본격적으로 참여하고, 독립운동에도 많은 여성들이 적극적으로 가담하였지요. 그리고 해방과 더불어 남녀평등 사상이 고취되었습니다.

하지만 '남녀평등'은 여전히 구호의 수준이었답니다. 대한민국 정부 수립 후 여성 장관, 여성 국회의원, 심지어 여성 야당 총재까지 등장했지요. 하지만 이들의 대부분은 개인의 신분 상승에 그쳤습니다.

1970년대 이후 여성 인권과 민주화를 이끈 대표적인 여성은 이태영 변호사였습니다. 이태영은 남편 정일형 박사와 함께 민주화운동의 선두에 선 모범 부부이기도 했어요.

이태영은 1914년 8월 18일 평안북도 운산군 북진읍 진동 마을에서 아버지 이흥국과 어머니 김흥원의 고명딸로 태어났습니다. 위로 큰오빠 이태윤과 둘째 오빠 이태흡이 있었어요. 아버지는 탄광을 경영한 상당한 재산가였으나, 이태영이 2세 때에 광산 사고로 세상을 뜨면서 가세가 기울게 되었답니다.

남편을 잃은 어머니는 기독교 신앙에 의지하면서 막일을 하고, 여유가 있었던 외가의 도움을 받아 세 남매를 키웠답니다. 이태영은 5세 때에 사립 광동소학교에 들어가 2년 후 졸업합니다. 그리고 7세 되던 해에 가족이 영변으로 이사를 합니다. 중학교를 마친 큰오빠가 영변에 있는 선교사의 비서로 취직을 했기 때문입니다.

영변은 한낮에도 여우가 마당으로 들어오는 오지 산골 마을이었지요. 김소월의 시에 나오는 '영변에 약산 진달래꽃'의 고장이었답니다. 이태영은 영변에서 둘째 오빠와 함께 감리교회가 세운 숭덕학교로 전학합니다. 집안일을 돕고 산과 들을 다니며 나물을 캐느라 학업 성적이 아주 뛰어나지는 않았지만, 우수한 성적이었다고 합니다.

이태영은 평양에 있는 정의여자고등보통학교(정의여고)에 입학하면서 어머니와 헤어집니다. 영변에서 평양까지는 굉장히 먼 거리였어요. 산골에서 살다가 평양에 온 그는 매일 어머니가 보고 싶어 울었답니다. 그러나 공부를 열심히 하여 1학년을 마칠 때는 60명 중 1등을 하여 학우들과 가족을 놀라게 했데요. 산골 출신이 1등을 했기 때문이지요.

화제가 되었던 정일형과의 결혼

정의여고를 우수하게 졸업한 이태영은 서울의 이화전문학교 가사과에 입학하지요. 서울로 오기 전 1년여 동안 고향의 모교인 동광학교에서 교사 생활을 하여 학비를 벌었어요. 이 무렵 그는 교사로 남느냐 서울 유학이냐의 진로 문제로 여러 날 동안 고심 끝에 더 공부하겠다는 결심을 하게 됩니다.

이태영은 이화여전 2학년 때에 평생의 은사 정광현 박사를 만났어요.

그의 소개로 교내의 법률경제연구소에 들어가 법률 공부를 하게 되었습니다. 졸업반이던 1935년 11월 이태영은 여운형이 사장이던 〈조선중앙일보〉가 주최한 전국 여자 전문학생 웅변대회에 나갔지요. 그는 7명의 연사 중 1등을 차지합니다. 「제2세의 인형」이라는 주제로 남녀 차별을 비판하는 내용이었어요. 제1의 인형이 '입센의 노라'라고 한다면, 제2의 인형은 한국 여성이라 비유하면서 열변을 토한 것이 1등의 영예를 차지하게 되었지요. 그는 이화여전에서 공부 잘하고 말 잘하고 노래 잘 하는 학생으로 소문이 났답니다.

1936년 3월 이화여전을 졸업한 이태영은 평양고등성경학교 교사로 부임합니다. 이후 성경학교 교사 시절 평생 민주화운동의 동지이고 남편인 정일형 박사를 만나게 됩니다. 정일형은 미국에서 철학박사 학위를 받고 귀국하여 인근에서 교회 목사 일을 하고 있었어요. 교회 활동을 배경으로 청년들을 모아 놓고 계몽 강연을 하며 민족의식을 일깨우고 있었지요.

두 사람은 사귀게 되고 1936년 12월 26일 평양 정의여고 강당에서 결혼식을 올리게 됩니다. 그때만 해도 드문 미국 박사 출신과 이화여전 출신 여성의 신식 결혼식은 평양 시내에 큰 화제가 되었지요. 두 사람은 열 살의 나이 차이에도 신앙심과 애국정신에 뜻이 일치하여 연인이 되고 부부가 된 것입니다.

제2차 세계대전을 도발한 일제는 1940년 2월 창씨개명과 신사 참배를 강요합니다. 정일형이 봉직하는 신학교는 이를 반대하는 소굴로 알려졌지요. 결국 총독 정치와 신사 참배를 거부하는 전단 사건으로 정일형과 교장 선생, 교수, 학생 등 수십 명이 일경에 끌려가 심한 고문을 당했어요. 그리고 정일형은 5년여 동안 옥고를 치릅니다.

이태영은 남편의 옥바라지와 여학교 교무 주임 일을 맡아 힘든 생활을 합니다. 그 사이에 아이가 태어나 육아까지 해야 하는 '3중고'의 어려운 시기였지요.

고시 사법과에 홍일점으로 합격하다

암흑 속에서 마침내 1945년 8·15 해방을 맞이합니다. 해방에 앞서 정일형은 5년여의 옥고 끝에 석방이 되었지요. 정일형이 먼저 서울로 오고, 이태영은 가족과 함께 뒤따라 왔어요. 서울에서 생활의 터를 잡으면서 이태영은 서울대학교 법학과에 진학하여, 1949년 7월 졸업합니다. 그리고 6·25 전쟁이 발발하자 피난 생활 중에도 공부를 계속하여 1952년 1월 제2회 고등고시 사법과에 합격하지요.

이태영은 법관이 되어서 정의로운 판결로 공정한 사회를 만드는 것이 평생의 꿈이었습니다. 그래서 40을 바라보는 나이에, 홍일점으로 합격한 것이 신문에 대서특필 되었지요. 이태영은 사법관 시보와 서울지방법원 및 서울지방검찰청의 실무를 보는 한편 여성들의 권익을 위한 민법과 가족법 개정을 위해 노력합니다. 이태영은 YWCA, 대한여자국민당, 대한부인회, 여학사협회, 여성문제연구소 등과 여성의 권리 증진을 도모하고자 민법 개정안을 국회의원이 된 남편의 명의로 국회에 제안합니다.

1957년 이태영은 미국 국무성의 초청으로 미국 사법 제도를 시찰하고 서던메소디스트대학교(S.M.U) 법과대학에서 2년간 수학을 합니다. 그가 미국에서 공부하고 귀국하자 1963년 3월 초 이화여자대학교(이화여대) 김옥길 총장이 이화여대 법정대학 학장을 맡아달라는 제의를 합니다. 이태영은 이 문제로 고민을 하였지요. 법조인이 꿈이었지, 대학 학장이 되리라고는 생각하지 않았던 것이었지요.

이태영은 4년 기한을 약속하고 취임하여 '고시 제일주의'로 구성된 학과를 법학 교육의 목표 설정, 고시 제일주의 지양, 정책 방향의 개선 등으로 고쳤습니다. 그리고 기존 교과 과정 외에 법률 상담, 법률 실습, 상담심리, 사회사업 같은 과정을 신설시켰어요. 또 모의 법정을 마련하고 가사사건 연습도 시켰습니다.

결국 애초에 약속한 4년 기한이 8년 반으로 연장되었습니다. 그동안 이태영은 학문에 열중하여 그 성과로 「한국 이혼 제도 연구」라는 논문으로 1969년 3월 서울대학교에서 법학박사 학위를 받습니다.

이대 학장을 사임하고 김대중 후보 유세에 참여

이태영이 이화여대에서 학장 활동을 하고 있을 때 5·16 쿠데타로 집권한 박정희가 1969년 3선 개헌을 강행하고, 1971년 4월 제7대 대통령 후보로 출마했어요. 남편인 정일형이 신민당 소속 의원이기도 했지만, 헌법 정신이나 대학인의 양식으로 보아 3선 개헌을 통한 1인의 장기 집권은 용납하기 어려웠지요.

이태영은 박정희 후보의 대항마로 출마한 신민당 김대중 후보를 지원하고자 학교에 사표를 제출합니다. 당시는 대학 교수들이 불이익을 감내하지 않고는 야당 후보를 드러내놓고 지원하기 어려웠던 시기였습니다. 하지만 이태영은 단호하게 학장직을 사임하고 김대중 후보의 지원 유세를 하는 등 본격적인 선거 운동원으로 참여합니다. 남편은 신민당 선거대책본부장이 되고, 아내는 지원 유세에 나섬으로써 화제가 되었지요.

선거일을 두 달여 앞둔 1971년 2월 5일 자정에 이태영의 집 아래채가 삽시간에 불에 타는 화재가 발생합니다. 경찰은 고양이가 불쏘시개를 물어다가 아궁이 뚜껑 위에 놓아서 화재가 발생했다고 발표했습니다. 세계 화재 사건 역사에서 유래가 없는 '고양이 화재'는 국제적인 조롱거리가 되었지요.

이 화재로 신민당 선거 관련 서류는 물론 이태영이 지난 20여 년간 심혈을 기울여 수집해 온 여성 운동사 자료와 원고가 불타버렸습니다. 나중에 이태영은 이 사건에 대해 "나는 나의 생애가 온통 불타버린 아픔과 허전

함을 마음 속 깊이 느꼈다."라고 술회하였어요.

화재에도 불구하고 이태영은 김대중 후보의 당선을 위해 전국을 누비며 유세를 벌였습니다. 정권 교체만이 민주주의를 살리고, 산업화 과정에서 소외된 노동자·농민을 살리고, 여성 인권을 신장시킬 수 있다고 외쳤어요. 하지만 야당 선거대책본부장의 자택을 '고양이를 시켜' 방화하는 막강한 권력이 순순히 정권을 내려놓을 리 없지요. 각종 부정과 천문학적인 자금 살포 그리고 지역감정의 조장 등으로 박정희가 세 번째로 대통령에 당선되면서 대선은 끝났습니다.

하지만 선거에서 패배했다고 절망할 이태영이 아니었지요. 1971년 여름 유고슬라비아에서 개최된 '법을 통한 세계 평화 회의'에 참석하고, 그곳에서 제1회 '법을 통한 세계 평화상'을 수상합니다. 또 스위스에서 열린 '도덕재무장운동 세계대회'(MRA), 아프리카 가나에서 열린 '세계여자기독청년회', 이스라엘에서 열린 '세계여자법조인대회'에 참석하는 등 국위를 선양했습니다.

가정법률상담소 운영으로 막사이사이상 수상

귀국한 이태영은 1956년에 설립한 사단법인 가정법률상담소를 더욱 활성화하여 힘없는 여성들의 가족 문제 해결과 여권 신장에 노력하였어요. 이태영하면 '가정법률상담소 소장'이라 할 만큼, 이 사업에 열과 성을 바쳤습니다. '최초 여성 법조인 탄생'이라는 화려한 언론의 조명을 받으며 법조계에 등장한 그는 이승만 대통령이 '야당 의원 부인'과 '여성'을 이유로 판사 임명을 거부한 데 충격을 받고 변호사를 개업한 이래, 줄곧 가정법률상담소를 운영하면서 무지하고 가난한 이들, 약자를 위한 '법의 서민화', '법의 생활화'를 모토로 하여 살았지요.

〈한겨레신문〉 창간 발기 선언 대회에 참석한 이태영. ⓒ 박용수

이와 같은 헌신이 국제적으로 인정되어 이태영은 1975년 필리핀에서 막사이사이상을 수상합니다. 아시아의 노벨 평화상이라 불리는 명예로운 상이었지요. 한국인으로는 〈사상계〉 발행인 장준하, 농촌 운동가 김용기 등이 받은 바 있답니다.

이태영은 가정법률상담소 운영 이외에도 여성 권익과 법률 구조 등 여러 가지 분야에서 활동했어요. 대한간호사협회 고문, 가사심판법 기초위원, 서울가정법원 조정위원, 가족법학회 부회장, 한국법학원 이사, 한국여성유권자연맹 기초 발기위원, 제17차 세계여자변호사회 부회장 등이 손꼽히는 역할입니다.

이태영은 가정법률상담소 창설 20주년인 1976년 5월 10일 서울 영등포구 여의도동에 여성백인회관 기공식을 갖고 지하 1층 지상 6층의 건물을 지었습니다. 그리고 100인회를 구성하여, 영속적인 여성 법률 구조 사업의 토대를 구축하였지요. 막사이사이상을 수상하면서 받은 상금 1만 달

러도 여기에 사용합니다.

반독재 민주화 투쟁의 선봉에

이태영이 정치적 박해와 고난을 겪기 시작한 것은 박정희 대통령이 1인 독재를 위해 감행한 유신 체제가 선포되면서부터였어요. 박정희는 1972년 10월 계엄령을 선포하고 국회를 해산하였으며, 유신 헌법을 만들어 종신 집권 체제를 수립합니다.

박정희는 유신 체제를 비판하는 학생·재야·야당 등 저항 세력을 탄압하고자 긴급조치를 잇달아 선포하면서 폭압적인 통치를 계속했어요. 이에 저항하여 사회 각계의 민주 인사들이 1974년 11월 27일 서울 YWCA회관에서 '민주회복국민회의'(국민회의)를 발족하고 「국민 선언」을 발표합니다. 그리고 12월 25일에는 국민회의의 창립총회를 갖지요. 국민회의는 윤형중 신부를 상임대표위원으로 선임합니다. 또 이병린, 이태영, 양일동, 김철, 김영남, 김정한, 천관우, 강원룡, 함석헌 등 10인을 대표위원으로 선임합니다.

이태영이 각계의 원로들과 함께 조직한 유신 시대 초기의 대표적인 재야의 연합기구인 국민회의는 '민주 회복'을 목표로 박정희 정권과 줄기차게 싸우게 되었어요. 이렇게 시작한 반독재 민주화 투쟁으로 이태영은 평온한 날이 없었지요.

1976년 3·1 혁명일을 기해 재야 민주 인사들과 종교인들은 서울 명동성당에서 「3·1 민주 구국 선언」을 전격적으로 발표합니다. 함석헌, 문동환, 김대중, 이문영, 정일형, 윤보선, 장덕필, 김승훈, 안병무, 서남동, 문익환, 은병기, 이해동, 이희호, 이우정, 신봉현, 윤반웅, 문정현 등과 더불어 이태영도 서명을 하였어요.

서울지검은 이를 '정부 전복 선동 사건'으로 몰아가면서 관련자 20명을 대통령 긴급조치 제9호 위반 혐의로 입건합니다. 이태영은 남편인 정일형과 함께 구속되었다가 3월 9일 석방됩니다. 그러나 정일형은 징역 3년, 자격정지 3년을 선고받고 투옥되었어요.

풀려난 이태영은 전국민주청년학생총연맹 사건 구속자 가족들과 함께 한국양심수가족협의회를 구성하고 구속자 석방 운동을 벌였어요. 그리고 각종 성명서를 발표하고, 재판 방청 및 재판 소식을 알리는 한편 국내외 인권 단체와 협력하여 인권 운동 등을 벌이는 등 반 유신 운동에 헌신합니다. 그의 반독재 민주화 투쟁은 박정희에 이어 등장한 전두환 군사정권에서도 계속되었습니다.

이태영은 자서전 『오직 한 뜻으로』에서 생애를 10년 간격으로 구분하면서, 젊은 날을 돌아봅니다.

> 10대는 어머니와 오빠의 도움으로 학교를 다녔고, 20대는 대학을 마치고 남편 뒷바라지로 고생만 하는 시기였다. 뒤늦게 30대에 다시 대학에 입학하여 고시까지 치르며 시험의 중압감 속에서 보냈다. 뒤이어 황금 같은 40대에는 상담소를 만들고, 50대에는 모교 이화여대로 가서 대학과 상담소를 뛰어 다니다 세월을 다 보낸 것 같다. 돌아보면 억세게 무리하면서 살아온 인생이었다 할 수 있겠다.
>
> ……
>
> 배움의 과정이 순탄하지 못했던 나는 여학교를 마치고 1년 동안 준비해서 전문학교에 들어가고, 전문학교를 졸업한 뒤 10년 후에 다시 대학에 입학하고, 대학을 마친 뒤 10년 후 대학원에 들어가, 대학원을 졸업한 10년 뒤에 박사학위를 얻은 것이다. 오랜 세월에 걸쳐 만성(晩成)을 했다지만, 아직 큰 그릇이 못 되는 것을 상기할 때 부끄러움을 금할 길이 없다.

이태영은 "네가 처한 모든 땅에서 네가 당한 모든 일에 네가 할 수 있는 최선을 다하라."라는 좌우명을 갖고 힘든 세파를 극복하며 의롭게 살았습니다. 그가 살던 시대에는 봉건적 유제인 남녀 차별 의식이 심했고, 여성의 사회 진출이 대단히 어려웠습니다. 고등고시 사법과에 수석으로 합격하고도 대통령의 반대로 판사에 임관할 수 없었던 시대였으니 말해서 무엇 하겠어요.

이와 같이 어려운 처지에서도 이태영은 가족·직장·사회를 일체화시키면서 공부하고, 가족을 지키고, 민주화에 투신하고, 힘없는 사람들의 법률 구조를 위하여 생애를 바쳤습니다. 이태영은 1960~1980년대 한국여성계를 대표하고 많은 업적을 남겼으며 1998년 12월 17일, 85세를 일기로 오랜 투병 끝에 눈을 감았습니다.

진실만을 추구한 변호사 조영래

반독재 학생 운동에 앞장서다

한국의 1970~1980년대에 "진실을 영원히 감옥에 가두어 둘 수는 없다." 라는 신념으로 군부 독재와 치열하게 싸우다 44세의 젊은 나이에 세상을 떠난 젊은 변호사가 있었습니다. 조영래 변호사입니다.

조영래는 1947년 3월 26일 아버지 조민제와 어머니 이남필의 3남 4녀 중 장남으로 대구에서 태어납니다. 아버지가 하던 사업이 기울어 일자리를 찾아 가족과 함께 서울로 이주했어요. 그래서 그는 중학 시절부터 가정교사를 하여 공부를 할 만큼 가정형편이 지독하게 어려웠어요. 경기고등학교에 진학한 그는 3학년 때 한일 회담 반대 시위를 주동하다가 정학 처분을 받게 됩니다.

1961년 5·16 군사 쿠데타를 일으켜 집권한 박정희 정권은 미국의 압력과, 정통성이 없는 정권의 명분을 찾고자 굴욕적인 방법으로 한일 회담을 추진했습니다. 대학·문단·종교계·야당에서는 반대 운동을 벌였어요. 1964년 3월 24일에는 고교생들을 포함한 학생 시위로부터 점화되어 대규모 시위로 전개되었지요. 5월 20일에는 서울대학교에서 '민족적 민주주의

장례식'을 거행하는 등 전국 각 대학으로 반대 운동이 확산되었습니다.

조영래는 아직 고등학생 신분이지만 우리나라를 침략하여 온갖 만행을 저지르고 국가의 소중한 유산을 빼앗아 간 일본이 사죄의 말 한마디 하지 않았는데, 정부가 굴욕적으로 회담을 강행한 데 대하여 참기 어려운 분노를 갖게 되었어요. 반대 운동을 꼭 대학생 선배들에게만 맡길 일이 아니라고 생각한 조영래는 친구들을 설득하고 한일 회담 반대 시위를 주동합니다.

결과는 혹독했지요. 문교부(현 교육부)의 지침을 받은 학교 당국이 조영래에게 정학 처분을 내린 것입니다. 졸업을 앞두고 정학을 당하게 된 것이지요. 조영래는 1년 후 정학 처분이 해제되어 동기생들보다 한 해 뒤인 1965년 2월에야 경기고등학교를 졸업하게 됩니다.

두뇌가 대단히 우수했던 조영래는 1965년 3월 서울대학교 법대에 입학합니다. 그 해 서울대 전체 수석으로 합격한 것입니다. 하지만 법대에 들어가서도 편안하게 공부만 할 수 없었어요. 잘못되어 가고 있는 사회 현실을 외면한 채 공부만 하기에는 그는 정의감이 강하고 용기도 있었지요.

1965년에 정부가 한일 굴욕 회담에 대한 비준을 강행하면서 학생들이 다시 시위에 나섰지요. 조영래는 비록 1학년생이지만, 선배들과 반대 집회에 참가했어요. 그리고 이어서 삼성그룹이 일본에서 사카린을 밀수하여 국내에서 거액을 챙기고 판매하는 사건이 일어났답니다. '사카린 밀수 사건'이지요. 조영래는 이 사건을 규탄하는 학생 시위에도 참가했어요.

박정희 정권은 대통령의 1차 연임만 허용된 헌법을 고치기 위해 1967년에 실시되는 제7대 국회의원 선거를 3·15 부정 선거에 버금가는 부정 관권 선거로 치렀어요. 민주공화당(공화당)이 개헌이 가능한 국회의원 수를 확보하도록 하기 위해 저지른 부정 선거였습니다. 이에 대해 야당은 물론 대학가에서도 부정 선거를 규탄하는 시위가 거세게 전개되었습니다. 조영래는 빠지지 않고 데모에 참여하였습니다. 참여가 아니라 주도를 했어요.

민주주의의 근간은 선거인데 정부가 정권 연장을 위해 부정 선거를 획책하는 것을 도저히 용납할 수 없었던 것입니다. 조영래는 특정 정당을 반대하거나 지지해서가 아니라 공명선거를 실시해야 한다는 신념에서 부정 선거를 규탄한 것이었지요.

조영래가 대학 재학 중에 정부가 학생 운동을 규제하고자 전국의 대학생들에게 군사 교육 훈련(교련)을 더욱 강화했어요. 그는 대학을 군사 훈련장으로 만들고, 학생들의 자율권을 침해하는 교련을 용납할 수 없어서 반대 운동을 전개했습니다.

노동자 전태일을 가슴에 품다

조영래는 시국이 대단히 어수선한 1960년대 중반기에 대학 생활을 하며 학생 운동을 주도하고, 1969년 2월에 대학을 졸업합니다. 그리고 서울대학교 대학원에 들어갔어요. 대학원에서는 민사법을 전공했지요.

대학원 시절에도 정국이 요동쳤어요. 1969년 마침내 박정희가 자신의 권력 연장을 위한 대통령 3선 개헌안을 국회에 제출합니다. 야당과 재야, 대학가에서 다시 3선 개헌 반대 투쟁이 전개되었지요. 조영래는 이번에도 침묵하지 않았어요.

박정희 정권은 국회 제3별관에서 공화당과 일부 야당 및 무소속 의원들만 참석시킨 가운데 날치기로 개헌안을 처리하고, 이어서 국민투표를 거쳐 이를 확정합니다. 모두 불법이었지요. 이로써 박정희는 장기 집권의 길에 들어섭니다.

조영래는 사법 시험을 준비합니다. 변호사가 되어 힘없고 억울한 사람들의 권익을 대변하겠다는 생각에서였답니다. 그런데 사법 시험을 준비 중이던 그에게 엄청난 충격을 준 사건이 일어납니다.

1970년 11월 13일 서울 평화시장 재단사 전태일이 열악한 노동 조건에 항거하여 근로기준법의 준수를 요구하면서 분신자살을 한 것입니다. 이 사건을 알게 된 조영래는 큰 깨달음을 갖게 됩니다. 한국 사회의 밑바닥에서 살아가는 노동자들이 법의 보호는커녕 탄압을 받고 병들고 죽어가는 실태에 분노하고, 이들과 함께 할 것을, '전태일 정신' 계승을 다짐합니다. 그리고 훗날 전태일의 평전을 쓰게 되지요. 전태일의 분신 사건은 평생 그의 삶을 규정하게 됩니다.

조영래는 1971년 2월에 사법 시험에 합격합니다. 몇 년씩 고시원이나 한적한 절간에 앉아서 법률 서적을 파도 쉽지 않은 사법 시험을 그는 학생운동과 사회 참여를 하면서 거뜬히 해낸 것입니다. 그만큼 열정이 강했던 것이지요.

조영래는 사법연수원 재학중에 이른바 '서울대생 내란 예비 음모 사건'으로 구속됩니다. 중앙정보부가 1971년 11월 12일 심재권, 장기표, 조영래, 김근태 등을 대한민국 전복을 모의했다는 혐의로 구속한 것입니다.

조영래는 이 사건으로 1년 6개월 동안 징역을 살다가 1973년 4월 만기 출소합니다. 훗날 이 사건은 박정희 정권이 학생 운동의 예봉을 꺾기 위해 조작한 것으로 밝혀졌지요. 결국 억울한 옥살이를 1년 반이나 한 것입니다.

하지만 조영래의 고난은 계속되었어요. '전국민주청년학생총연맹'(민청학련) 사건으로 다시 지명수배를 받게 된 것입니다. 1974년 3월 들어 각 대학에서 유신 철폐 시위가 빈발한 가운데 전국 대학의 반독재 연합 시위가 준비되고 있었어요. 서울의 주요 대학에서 4월 3일을 기해 일제히 시위에 나서기로 하고, 민청학련 명의로 「민중·민족·민주 선언」이란 반 유신 선언문을 발표하기로 한 것이지요.

하지만 이 정보를 입수한 공안 당국은 3월 29일부터 대대적인 검거를 시작하는 한편, 민청학련이 국가 변란을 목적으로 폭력 혁명을 기도한 반

정부 조직이라고 발표했어요. 정부는 학생들의 연대와 시국 선언문을 '폭력 혁명'으로 몰아간 것입니다. 하지만 후일 민주 정부가 수립되어 이 사건이 날조된 것으로 밝혀지고, 관련자들은 재심에서 모두 무죄 선고를 받게 되었어요.

정부는 '민청학련 사건'을 계기로 대통령 긴급조치 제4호를 선포하는 등 유신 체제 비판 운동을 폭압적으로 탄압합니다. 이 사건으로 윤보선 전 대통령, 지학순 주교 등 민주 인사들과 학생·노동자 등 수십 명이 구속되고, 조영래는 다시 지명수배자가 되었어요. 조영래는 사법연수원생에서 갑자기 수배자로 신분이 바뀌어 6년이라는 긴 세월 동안 도피 생활을 하게 됩니다. 일제 강점기에 국내의 독립운동가들도 그토록 오랫동안 지명수배를 받은 사람은 흔치 않았지요.

조영래는 피신 기간 중 3년여 동안 전태일 열사의 자료를 모으고 관계자들의 증언을 토대로 『전태일 평전-어느 청년노동자의 삶과 죽음』을 집필합니다. 그리고 민주화운동 동지들과 만나고 노동자들과 접촉하면서 꾸준히 반 유신 운동을 전개합니다. 경찰과 정보기관은 그를 잡고자 혈안이 되었지요.

이 기간 동안 조영래를 숨겨준 사람은 나중에 부인이 된 이옥경이었어요. 두 사람은 각각 대학원과 대학 시절에 우연히 만나 사귀게 됩니다. 그러던 중 조영래가 수배자가 되면서 이옥경이 은신처를 만들어준 것이지요. 당시는 긴급조치 위반자를 숨겨만 주어도 10년의 징역이 선고되는 무시무시한 시절이었어요. 그럼에도 이옥경은 두려움 없이 조영래를 안전하게 지켜주었어요.

1979년 10월 26일 박정희 대통령이 중앙정보부장 김재규의 총격으로 암살되었어요. 유신 체제가 붕괴되면서 조영래는 6년 만에 세상 밖으로 나올 수가 있었습니다. 1980년 3월에 수배가 해제되고 복권이 된 것입니다.

인권 변호사로 활약하다

조영래는 다시 사법연수원에 들어가 미루었던 공부를 계속하고, 1982년 2월 사법연수원을 수료합니다. 그리고 1983년 변호사를 개업했어요. 당시는 전두환이 쿠데타를 일으켜 광주에서 시민·학생·노동자 수백 명을 학살한 이후 유신 체제 못지 않은 공포 정치가 계속되고 있었지요.

변호사가 된 조영래는 1984년 10월 서울 망원동 수재 사건 소송을 시작으로 1985년의 대우어패럴 사건 등 각종 노동 사건의 변론을 전담하다시피 합니다. 그가 맡은 사건은 하나 같이 힘없고 억울한 서민과 노동자들의 사건이었습니다. 수임료가 적거나 때로는 그마저 내지 못한 처지에 있는 사람들을 위한 변론이어서 다른 변호사들이 기피한 것을 그는 마다하지 않았습니다. 때로는 무료 변론도 맡았어요.

조영래 변호사가 본격적으로 시국 사건의 변론을 맡은 것은 1986년 '부천서 성고문 사건'입니다. 1986년 6월 경기도 부천경찰서는 주민등록증을 변조하고 위장 취업을 한 혐의로 서울대학교 출신 권인숙을 구속합니다. 그런데 당시 부천경찰서에 근무하던 문귀동 경장이 권인숙을 상대로 성고문을 저지른 것입니다.

권인숙은 문귀동 경장을 강제 추행 혐의로 인천지검에 고소합니다. 조영래는 인권 변호사 8명과 더불어 변호인단을 구성하여, 천인공노할 이 만행을 파헤쳤지요. 권력 기관의 압력이 심했지만 이에 굴하지 않고 진상 규명에 나섰습니다. 이 사건은 진실 확인 과정에서 공권력의 횡포와 부도덕성, 인권 탄압의 실상을 폭로하여 전두환 정권의 종말을 앞당기는 원동력이 되었습니다.

조영래의 「성고문 사건 변론 요지」는 이러합니다.

권 양의 진실은 그것을 끝내 은폐하려는 강대한 권력의 힘 앞에 부딪쳐 차단되고 좌절되어버린 것처럼 보였지만, 실제로는 바로 그 진실을 필사적으로 은폐하기 위하여 허둥대는 권력의 모습에 의하여 한 단계 한 단계 승리의 길로 전진을 거듭하였던 것입니다.

임금님의 귀는 당나귀 귀라는 진실은 끝내 알려질 수밖에 없는 것이었습니다. 진실은 감방 속에 가두어 둘 수가 없습니다.

조영래는 고등학생 때부터 불의를 보면 참지 못하는 성격이었지요. 그래서 이제까지 숱한 고통을 겪고 많이 시달려 왔지만, 부당한 권력과의 싸움을 멈추지 않았습니다. 그는 인권 변호사로서 당대의 가장 힘든 시국 사건을 맡아서, 정권의 '호위 무사'가 된 검찰과 여전히 권력의 눈치에 좌고우면하는 사법부를 상대로 진실 찾기에 나섰지요.

조영래가 맡게 된 주요 시국 사건을 보면 '한겨레신문 압수 수색 취소 청구 사건', '이론과 실천사·한울출판사 사건', '보도 지침 사건' 등이 있습니다.

1987년 6월 항쟁으로 기존의 제도 언론이 언론 본연의 역할을 하지 못한 데 국민적인 공분이 모아져 국민주 형식으로 새로운 신문인 〈한겨레신문〉(현 〈한겨레〉)이 창간되었어요. 이 신문이 독재 정권 비판과 진실 보도를 하면서 독재 정권이 수시로 압수 수색 등 탄압을 가했어요. 조영래는 이 사건을 맡아 법정에서 시비를 가렸지요.

또 전두환 정권은 신문 등 언론사에 정부에 불리한 기사에는 제목과 내용을 일일이 지정해 주는 등 간섭을 했어요. 이를 〈한국일보〉 기자가 폭로하자, 정부는 그 기자와 신문사 관계자들을 구속하는 등 언론 탄압을 저질렀습니다. 조영래는 이 사건도 맡아 독재 정권이 그동안 언론에 얼마나 개입하고 탄압했는가를 밝혀내고, 용기 있는 언론인들을 변호했답니다. 이것이 '보도 지침 사건'입니다.

'보도 지침 사건' 재판 후 법정 앞에서(오른쪽에서 세 번째). ⓒ 박용수

박정희와 전두환 정권 때는 권력과 재물에 관심이 많은 변호사들이 훨씬 더 많았지요. 하지만 소수이지만 정의와 양심, 민주주의와 진실을 지키려는 인권 변호사들도 있었어요. 조영래는 '인권 변호사' 중에서도 손꼽히는 인물이었답니다.

조영래의 변호사 사무실 바깥벽에는 '시민공익법률상담소'라는 간판이 하나 더 붙어 있었지요. '시민 공익', 바꿔 말하면 시민들의 공익이 침해되었을 때 이를 구제해 주겠다는 것입니다. 그래서 '미혼 여직원의 정년은 25세'라는 1심 재판부의 판결에 절망해 항소를 망설이는 이경숙을 설득해 항소심에서 여성의 정년도 남성과 똑같이 55세임을 확인 받은 '이경숙 사건'을 맡았습니다. 이 사건은 재판사상 처음으로 벌어진 본격적인 '성차별 논쟁'이었는데, 조영래는 사건 수임료를 한 푼도 받지 않고 '여성 측 대리인'이라는 무거운 짐을 졌답니다.

또 부실한 수문(水門) 탓으로 물난리를 겪은 서울 망원동 수재민 1천 1

백 가구의 '시민 소송'을 맡아 수재민들의 권익을 지켜주었지요.

조영래 변호사는 평생 사회 정의와 약자들의 인권을 대변하면서도 시를 쓰고, 오락잡기를 즐기는 등 여유도 있었답니다. 바둑은 1급을 따고, 친구들과 어울리면 '명창'으로 소문났지요. 가곡 「기다리는 마음」이 애창곡이고, 「망향」을 빠뜨리지 않고 불렀답니다. 그는 일반적인 변호사와는 달리 무척 자유분방한 편이었어요. 민주주의를 지킬 때는 투사가 되었고, 법정에서는 서민의 대변자가 되었지만, 놀 때에는 풍류를 즐겼답니다. 다재다능한 인재였지요.

조영래는 「노동자의 불꽃-아아, 전태일」이라는 긴 시를 썼는데, 도입부분을 소개합니다.

> 저 처절한 불길을 보라
> 저기서 노동자의
> 아픔이 탄다
> 저기서 노동자의 오랜
> 억압과 죽음이 탄다
> 아아, 노예의 호적은 불살라지고
> 끝없는 망설임도 마침내 끊겨버린
> 저기서
> 노동자의 의지가
> 노동자의 저항이
> 노동자의 자유가
> 불타오른다.

짧은 생애 그러나 긴 명예

조영래는 노동·빈민·환경·시국 관련 사건 등 인권 변호에 전력하는 한편 〈한겨레신문〉 객원 논설위원, 문화방송 방송문화진흥회 이사 등을 역임하면서 40대 초반을 맞습니다. 또 대한변호사협회의 『인권보고서』를 작성하고, 1990년 1월부터 5개월간 미국 컬럼비아대학교 인권문제연구소의 초청으로 국제 세미나에 참석하는 등 쉼 없이 공부하고 노력하였어요.

하지만 하늘은 가끔 유능한 인재를 시샘한다는 말이 있듯이, 조영래는 1990년 9월 초 폐암 3기라는 진단을 받습니다. 그리고 같은 해 12월 12일 여의도성모병원에서 44세의 아까운 나이로 세상과 작별합니다. 이승의 생애는 짧았으나 그의 명예와 업적은 오랫동안 기억되고 기록될 것입니다.

민주화운동을 함께 해 온 홍성우 변호사가 조영래를 평가한 글의 한 대목을 소개합니다.

> 과연 생전의 조영래는 얼마나 튼튼하고 큰 그릇이었으며 얼마나 믿음직스러운 우리들의 대장이었던가. 마흔네 살 창창한 나이에, 정말 이제부터 그가 감당해야 할 일이 하고 많은데 이렇듯 졸지에 그를 잃다니, 이제는 그 자리를 누가 메울 수 있을까.

5부. 민주주의의 참 정치를 위해

첫 야당 대선 후보 신익희

명문 가문의 서자로 태어나

이승만의 독재 정치에 반대하면서 최초의 평화적인 정권 교체를 눈앞에 두고 선거 직전에 사망한 해공 신익희는 독립운동가 출신입니다. 1894년 6월 9일에 경기도 광주군 초월면 67번지에서 명문가인 평산 신씨 신단의 아들로 태어났지요. 아버지는 노비와 관련된 일을 맡아 보던 관청인 장례원의 책임자인 장례원경을 지낸 정2품 자헌대부였답니다.

신익희는 신단의 서자였어요. 당시 사대부들은 부인 외에도 첩을 둔 경우가 있었는데, 신익희는 첩의 소생입니다. 어머니의 이름은 어디에서도 찾기 어렵습니다. 당시 서자는 조상의 제사에도 참석할 수 없는 차별을 받았습니다. 어린 신익희는 이런 차별에 분노하여 한번은 제사상을 뒤집어엎은 일도 있었답니다.

신익희는 어릴 적부터 대단히 총명하였습니다. 10세 무렵에 집에서 한학을 공부하여 '사서삼경'과 조상 대대로 내려온 서적을 많이 읽었고, 『삼국지』, 『수호지』와 같은 중국 소설도 읽었습니다. 글솜씨 또한 뛰어나 인근은 물론 조정까지 이름이 알려졌답니다.

신익희는 12세 때인 1905년에 새로운 문화와 교육을 받고자 이 무렵에 생긴, 경기도 광주의 남한산성 근처에 있는 보통학교에 들어갔어요. 이 해는 우리나라가 일본에게 외교권을 빼앗기는 을사늑약이 체결된 해이고, 또한 신익희의 아버지가 75세로 사망한 불행한 해였습니다.

신익희는 나라와 가정의 비극을 함께 겪으면서, 그래도 배워야 한다는 생각으로 열심히 공부했어요. 아버지의 삼년상을 마친 1년 후 15세가 된 신익희는 연안 이씨로 참판 이명재의 딸인 이승희를 아내로 맞이합니다. 아내는 그보다 한 살 위인 소녀였지요.

신익희는 15세가 되는 1908년에 관립 한성외국어학교에 입학했습니다. 가정교사로 학비를 조달하면서 공부를 하던 그는 1910년 8월 29일 나라가 망하자 서둘러 학교를 마칩니다. 그리고 나라를 빼앗을 만큼 강해진 일본을 알아야겠다는 생각으로 일본으로 유학을 떠났어요. 1912년의 일입니다.

도쿄에 있는 와세다대학 정치경제학부에 입학한 신익희는 우유와 신문배달 등 고학을 하면서 공부를 합니다. 이때 그는 안재홍, 문일평, 송진우 등과 유학생 단체인 학우회를 조직하고 총무·평의회장을 거쳐 회장에 선출됩니다. 실력도 우수했지만 리더십이 있었던 것이지요.

학우회 회장을 맡게 된 신익희는 〈학지광(學之光)〉이라는 기관지를 발간하면서 유학생들에게 민족의식을 고취시켰습니다. 1910년대 일본 유학생들 사이에 〈학지광〉은 필독서였고, 학생들이 다투어 글을 실으면서 민족의식을 토론하는 광장이었답니다.

신익희는 이에 멈추지 않고 장덕수·백남훈 등 민족의식이 강한 친구들과 비밀결사인 조선학회를 결성하고 독립운동의 길을 모색합니다. 이들은 1919년 도쿄 2·8 독립 선언의 주역이 되었지요. 신익희는 방학 때면 귀국하여 전국 순회 강연회를 갖고, 청소년들을 계몽하였으며, 고향인 경기도 광주에 광동의숙을 열어 농촌 청소년들을 가르쳤습니다.

해외로 망명하여 독립운동에 투신하다

1916년 와세다대학을 졸업한 신익희는 귀국하여 고향의 동명강습소에서 주민들을 상대로 신문화 운동을 교육하였습니다. 또 1917년에는 서울로 올라와 중동학교 교사가 되었고, 이듬해에는 고려대학교의 전신인 보성법률상업학교 교수로 채용되었어요. 여기서 비교헌법·국제공법·재정학 등을 가르치는 한편, 만주로 건너가 무장독립투쟁을 벌이고 있는 홍범도, 문창범 등을 비밀리에 만나고 돌아왔답니다.

1919년 3·1 혁명이 일어나자 신익희는 '기미 독립선언서'를 대량 등사하여 각지에 배포했어요. 또 3월 5일에는 서울에서 만세 시위에 앞장섰다가 일제 경찰로부터 현상금이 붙은 중범자로 지목되었지요. 신익희는 변장을 하고 해외로 탈출하여 상하이에서 조직된 대한민국 임시정부 의정원 의원에 피선된 데 이어 대한민국 임시헌장 기초위원 등을 맡아 임시정부 수립에 크게 기여합니다.

독립운동에 참여한 신익희는 이후 임시정부 내무총장 직무 대리, 국무원 비서장, 법무총장, 외교부장, 의정원 부의장을 역임했습니다. 또한 한국혁명당·대일전선통일동맹·민족혁명당 등에 참여하고, 한중문화협회 상무이사·중경 임시정부 내무부장 및 국무위원 등을 역임하며 항일 독립운동을 벌였습니다. 청년기와 장년기를 오롯이 독립운동에 바친 것이지요. 귀국할 때 그의 나이는 52세였답니다.

이승만 독재에 맞서 대통령 후보에 출마

일제의 패망으로 망명 26년 만인 1945년 12월에 조국으로 돌아온 신익희는 김구 주석의 임시정부 내무부장을 맡아 반탁 운동을 지도했습니다.

또 1946년에는 국민대학을 설립하여 학장에 취임하는 한편, 자유신문사 사장으로 언론 사업에도 참여합니다. 미군정에서 설치한 남조선 과도입법의원 서울 지역 민선 대의원에 피선되고, 대한체육회 회장으로 추대됩니다. 이어서 과도입법의원 의장으로 선출되었어요.

1948년 대한민국 정부가 수립되면서 신익희는 경기도 광주에서 무투표로 제헌의원에 당선되었어요. 독립운동 과정에서 큰 공적을 세운 그였기에 누가 감히 경쟁하려 하지 않았답니다. 제헌국회에서는 처음에는 부의장에 선출되었다가 곧 의장으로 뽑힙니다.

제헌국회를 이끈 신익희는 명사회자·명의장으로서 명망을 날리고, 대한국민당이 결성되면서 당수인 위원장에 선출됩니다. 이어서 1950년 민주국민당이 창당되면서 최고위원으로 추대되었어요. 1950년 5월 30일 실시된 선거에서 제2대 국회의원으로 재선되고, 1954년 5월 20일 실시된 제3대 국회의원에도 무난히 당선됩니다. 국회의장에도 재선되었지요.

한편, 이러는 사이에 이승만 대통령의 독재 정치는 더욱 심해졌어요. 1952년에 이승만은 국회에서 대통령을 선출하는 당시의 제도 아래서는 대통령에 재선할 수 없다고 생각하고, 국회의원들이 탄 버스를 헌병대로 끌어가는 등 공포 분위기를 조성하여 대통령 직선제를 근간으로 하는 발췌 개헌안을 처리하는 폭력 정치를 자행했습니다. 이 과정에서 전방에서 전투를 벌이고 있는 군인들을 피난 수도 부산으로 불러들이기까지 했답니다.

또 1954년에는 초대 대통령에 한해 중임 제한을 철폐하는 내용을 골자로 하는 개헌안을 제출합니다. 이 개헌안은 국회의 표결에서 부결되지요. 하지만 이승만은 수학자까지 동원해 이른바 사사오입이라는 얼토당토않은 수학 공식까지 들먹이며 개헌안이 가결되었다고 선포했답니다.

신익희는 이러한 이승만의 전횡을 더 이상 두고 볼 수가 없다고 판단하고 민주 인사들과 더불어 1954년 11월 30일 호헌동지회를 결성합니다. 민주국민당 의원들과 무소속 의원들 그리고 재야 민주 인사들이 참여한 호헌동지회는 이승만 정부에 대한 비판 세력으로 등장합니다.

호헌동지회는 이승만 정부의 탄압 속에서도 1955년 초 신당 조직 촉진회를 구성합니다. 그리고 이 해 9월 18일에 민주당을 창당했어요. 오늘의 전통 야당은 이 민주당을 뿌리로 하고 있답니다.

반 이승만 세력의 연합체로 결집한 민주당 창당 대회에서는 초대 대표최고위원에 신익희, 최고위원에 조병옥·장면·곽상훈·백남훈이 선출되었습니다. 민주당은 창당 초부터 강력한 야당으로서 민주주의 수호를 위해 싸웠지요. 신익희는 명실상부한 통합 야당의 수장으로서 이승만 독재 정권과 치열하게 투쟁하였어요.

신익희는 이승만과는 상하이 임시정부 시절부터 가까운 사이였습니다. 그러나 이승만이 헌법과 법률을 무시하고 장기 집권을 위해 민주주의를 짓밟자, 사적인 친분 관계를 뛰어넘어 비판자가 되었습니다. 신익희의 정치적 신조는 『민주주의 이론과 실천』이라는 책에 잘 나타나 있습니다. 그는 국가가 "국민을 수단으로 하는 것은 과오"라고 지적합니다.

민주당은 1956년 제3대 대통령·제4대 부통령 선거를 앞두고 신익희를 대통령 후보, 장면을 부통령 후보로 지명했습니다. 제3대 대통령·제4대 부통령 선거는 우리나라 선거사상 최초로 국민 직선으로 대통령을 뽑는 선거다운 선거였어요. 초대는 국회에서 간접 선거로, 제2대는 부산에서 계엄령 하에서 치러졌지요. 하나마나한 선거였어요.

대통령 후보에 지명된 신익희는 수락 연설에서 "나라를 아끼는 동포들의 숙원과 이 뜻에 의해서 민주당이 지명한 명령에 복종할 것입니다. 또한 그 명령에 복종함으로써 국민을 위하여 봉사할 것을 다짐합니다."라고 말했어요. 신익희는 대통령 선거 구호를 "못 살겠다 갈아보자!"라고 내걸고 본격적인 선거 운동에 나섰습니다.

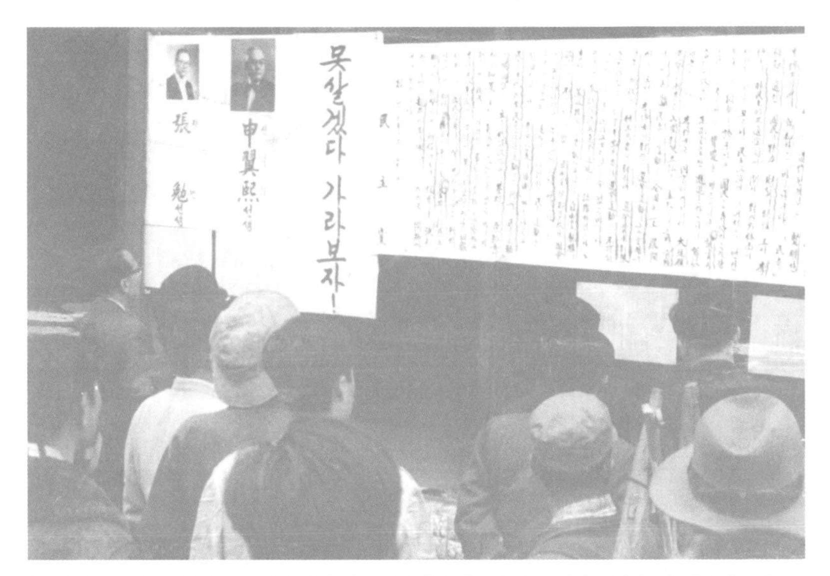

"못살겠다 갈아보자!"라는 글귀가 담겨 있는 신익희의 대통령 후보 선거 게시물. ⓒ 경향신문사

"못 살겠다 갈아보자!"

선거전은 볼만하게 전개되었어요. 자유당은 이승만과 이기붕을 대통령·부통령 후보에 지명하였습니다. 또 조봉암이 무소속 후보로 출마하였습니다.

이승만이 8년 동안 집권하면서 국민의 삶은 너무나 어려워졌어요. 그런데도 이승만은 자신의 권력 연장에만 급급하여 민주주의는 형체만 남게 되었습니다. 국민 생활은 초근목피의 어려운 처지가 되면서 민주당의 "못 살겠다 갈아보자!"라는 구호가 국민에게 크게 호응을 얻었답니다. 자유당은 이에 대해 "갈아 봤자 더 못산다!"라는 어처구니없는 구호를 내걸었지요.

신익희의 선거 유세가 5월 3일 한강 백사장에서 열렸습니다. 이날 한강 백사장에는 40만여 명에 가까운 인파가 모였지요. 당시 서울 인구가 150

만 명 정도였으니, 어린이와 거동이 불편한 사람을 제외한 모든 시민이 참석한 셈이었어요.

이 날 40만 인파를 상대로 한 신익희의 연설은 생애 최대의 그리고 최후가 되는 명연설이었습니다. 신익희는 이 날 1시간여에 걸쳐 진행된 연설에서 이승만 정권의 독재와 무능을 호되게 비판하고, 민주주의의 원칙인 평화적인 정권 교체를 하자고 역설하였습니다. 연설의 백미는 다음과 같은 말이었어요.

> 여러분! 오늘날 우리 민주 국가의 형편은 지나간 세대와는 달라요. 대통령이 대단히 능력 있고, 자격 있고, 고귀한 듯한 지위에 있는 사람이지만, 민주 국가에서 대통령을 무어라 그러는지 다 알고 있을 것입니다. '하인'이라고 불러요. '프레지던트'라고 불러요. '프레지던트'란 심부름꾼이 되는 '하인'이라는 말입니다.
>
> ……
>
> 대통령이라고 하늘에서 떨어진 것도 아니고 땅에서 솟아난 것도 아니요, 그러므로 일 잘못하면 주인 되는 우리 국민들이 반드시 이야기하고, 반드시 나무라고, 반드시 갈자는 이야기가 나온다, 이런 말입니다.
>
> ……

요즘에는 평범한 말이 되었지만, 당시 이승만 대통령은 '각하'라고 호칭되거나 '박사님'으로 경칭되었지요. 신익희는 이 날 연설에서 대통령을 상머슴으로 지칭하면서, 주인이 일을 제대로 하지 못하는 하인은 쫓아내듯이 무능한 대통령을 바꾸자고 역설하여 우레와 같은 환호와 박수를 받았어요. 농촌과 지방 도시에서도 그의 인기는 대단하여 정권 교체는 시간문제일 뿐이었지요.

호남선 열차 안에서 뇌일혈로 쓰러지다

한강 백사장의 강연을 통해 선거전의 승기를 장악한 신익희는 5월 5일 지방 유세를 위해 호남 지방으로 가던 도중 열차 안에서 뇌일혈로 쓰러졌습니다. 긴 망명 생활로 약해진 몸에 선거 운동으로 과로가 겹쳐 일어난 급작스런 서거였어요. 향년 63세, 이리역에서 유해가 서울로 돌아올 때는 폭우 속에서도 수만 명이 운구차의 뒤를 따랐습니다.

운구차가 가택으로 가기 위해 지금의 청와대인 경무대 앞을 지날 때 시민들과 경찰들이 충돌하여 사상자가 발생할 만큼, 신익희의 갑작스런 죽음은 국민에게 충격과 좌절감을 안겨주었습니다. 5월 15일 실시된 정·부통령 선거에서 많은 추모표가 쏟아졌고, 부통령에는 민주당 후보인 장면이 당선되었지요. 5월 23일 국민장으로 거행된 장례식에는 1백만 명을 헤아리는 추모 인파가 몰려들었고, 온 국민의 애도 속에 신익희는 수유리 산기슭에 안장되었습니다.

민주주의 발전과 평화 통일을 기필코 이루겠다는 선거 공약으로 다수 국민의 희망의 상징이었던 신익희는 선거를 10일 앞두고 불귀의 객이 되고 말았습니다. 신익희의 급작스런 서거가 아니었으면, 1950년대 우리나라는 수평적인 정권 교체를 이루고 민주주의 전통이 자리 잡게 되었을 것입니다. 그리고 대통령이 옛날 군주와 같은 신성불가침의 존재가 아니라 국민의 '하인'으로서 봉사하는 사람으로 굳어졌겠지요. 하지만 신익희의 돌연한 죽음으로 우리나라 민주주의가 크게 지체되고, 이승만의 1인 장기 독재가 더욱 강화되었답니다.

권세를 버리고 양심을 택한 정구영

삼학사의 혈통을 잇는 가문

5·16 군사 쿠데타를 일으킨 박정희와 군정 세력은 당초의 약속인 '원대 복귀'를 지키지 않고 민정에 참여하고자 비밀리에 민주공화당(공화당)을 창당했어요. 그리고 국민들 사이에 신망이 높은 변호사 정구영을 어렵사리 영입합니다.

정구영은 공화당 초대 총재 등 집권당의 요직을 지내면서도 박정희 대통령에게 독재하지 말 것, 책임 정치 구현, 불법 정치 자금 근절, 대통령 주변 정화 등을 주장하면서 줄곧 '여당 안의 야당' 노릇을 했어요. 그리고 박정희가 헌법을 고쳐가면서 3선 개헌을 강행하자 이를 단호히 반대했습니다. 또 박정희가 종신 집권을 겨냥하는 유신 쿠데타를 감행하자 미련 없이, 그리고 위험을 무릅쓰고 공화당을 떠나 재야 지도자들과 함께 민주 회복 운동을 전개합니다.

처음부터 야당이나 재야에서 반독재 민주화를 추진한 사람은 많지만, 집권당의 핵심 인사 중 3선 개헌과 유신 쿠데타를 거부하고 반대 운동을 전개한 사람은 찾아보기 어렵지요. 또 야당이나 재야 운동을 하다가 독재 권력의 품안으로 들어간 인물이 적지 않지만, 기득권을 차버리고 재야로 돌아선 인사는 역시 드물었어요.

정구영은 1896년 6월 22일 아버지 정석용과 어머니 안동 권씨의 장남으로 충청북도 옥천에서 태어났습니다. 정구영의 7대조 할머니는 병자호란 때 최명길 등의 화의론을 반대하고, 윤집, 오달재와 함께 척화론을 펴다가 청나라에 잡혀가 순국한 홍익한의 손녀입니다. 앞에서 말한 정구영의 독특한 행적은 강직한 조상의 성품을 이은 것인지도 모르겠습니다.

정구영이 5세가 되던 해에 아버지는 대한제국의 육군무관학교를 졸업하고 참위로 임관했어요. 그리고 고종 황제가 기거하던 덕수궁의 호위를 맡은 무관이 되었지요. 하지만 그가 6세 때에 어머니가 장티푸스에 걸려 세상을 떠나지요. 한참 어머니의 보살핌이 필요하던 어린 나이에 정구영은 모친을 잃은 것이에요.

정구영이 9세가 되던 1904년에 온 가족이 서울로 이사하게 되었어요. 당시 나라의 사정이 대단히 어려웠답니다. 1905년에 을사늑약이 맺어지고, 1907년에는 일본이 조선의 군대를 해산시켰어요. 무관이었던 아버지는 직장을 잃고 고향으로 내려가고, 정구영은 서울에 남아 다니던 계산소학교를 계속 다닙니다.

정구영은 13세에 관립 한성외국어학교 영어학부에 입학하여 영어·산술·지리·작문 등 신학문을 배웁니다. 또 저녁이면 황성기독교청년회 야학부에 참석하여 월남 이상재 등의 선각자들로부터 기독교와 조선의 역사 등을 배웁니다. 이때의 공부는 그가 민족의식에 눈을 뜨는 계기가 되었어요.

1910년 나라가 망하고 이듬해 조선의 교육 기관을 폐지하는 조선교육령이 공포되었어요. 정구영은 한성외국어학교 교우 김천경과 함께 가출을 감행하고, 걸어서 만주 봉천 등지를 방황하다가 일본 경찰에 붙들려 고향으로 내려옵니다.

변호사로서 민족·민주 운동을 변론하다

17세에 광산 김씨와 결혼한 정구영은 1915년 충청북도 충주군(현 충주시) 서기로 취직하여 일하던 중 사촌형 정구창 변호사의 권고로 다시 서울로 올라와 경성법률전수학교에 입학합니다. 그러나 식민지 교육에 실망하고 자퇴, 낙향합니다. 2년여 후에 다시 정구창의 강권으로 경성법률전수학교에 재입학하고, 학생회장으로 뽑힙니다.

학생회장을 맡았을 즈음에 1919년 3·1 혁명이 일어났어요. 정구영은 3월 1일 탑골공원의 만세 시위에 학생들을 동원하는 임무를 맡고, 144명 전교생을 참여시켜서 가두시위를 벌입니다. 하지만 곧 아버지에게 붙들려 가택에 감금당합니다.

정구영은 26세 때에 조선총독부가 실시한 판검사 특별 임용 시험에 응시하여 수석으로 합격, 대구지방법원 검사로 발령을 받습니다. 답안지에 민족주의 성향이 있다 하여 판사 지망은 묵살되었지요.

검사 생활은 정구영에게 여러 가지로 맞지 않았답니다. 결국 2년여 만에 사직하고 변호사를 개업하지요. 핍박받는 조선 사람과 독립운동가들을 변론할 목적이었어요.

정구영은 1941년 경성변호사회 회장에 이어 1943년에는 조선변호사협회 회장으로 선출됩니다. 그는 일제 강점기에 아무리 많은 수임료를 준다 해도 친족 간의 재산 분쟁 사건이나 인륜에 벗어나는 사건은 맡지 않았어요. 그리고 민족 운동 관련 사건은 수임료가 없어도 맡아서 변론을 하였답니다. 당시 그와 함께 활동한 조선인의 명변호사는 김병로, 이인 등이 있습니다.

일본의 무조건 항복과 함께 1945년 8월 15일 우리 민족은 해방이 되었지요. 일제에 협력하여 친일파 노릇을 한 많은 법조인과는 달리 정구영은 깨끗한 몸으로 해방을 맞았습니다. 그래서 해방 이듬해 조선법조회 이사장으로 선임되고, 미군정 당국으로부터 검찰총장 제의를 받았습니다. 그러나 그는 이를 거부하지요. 외국 군정 아래에서 검찰 책임을 맡을 수 없다는 신념 때문이었어요.

정구영은 1947년 조선인권옹호연맹 이사장에 선임되었습니다. 1948년에는 미군정과 한국민주당 계열이 추진하는 단독 정부 수립을 반대하고 남북 협상을 지지하는 문화인 108인의 성명에 서명합니다. 그는 결단코 단독 정부가 아닌 통일 정부를 수립해야 한다는 입장이었어요.

1950년 북한군의 남침으로 6·25 전쟁이 벌어졌지요. 정구영은 정부가 있는 부산으로 피난 갔어요. 이승만 대통령은 피난지에서도 자신의 권력 연장을 위해 정적을 구속하는 등 정치적 탄압을 일삼았어요.

당시 '서민호 의원 사건'이 일어났어요. 현역 군인이 이승만 반대 노선인 서민호 의원을 암살하려는 것을 서민호가 먼저 알고 저격한 정당방위였습니다. 당시는 전쟁 중이라 국회의원들에게 호신용 권총이 주어졌지요. 그런데도 정부는 서민호를 구속했습니다. 정구영은 아무도 맡기를 꺼려하는 이 사건을 수임하는, 인권 수호의 변호사가 됩니다.

1954년 이승만 대통령이 정구영에게 법무부 장관직을 제의합니다. 정구영은 '선거의 엄정 중립' 등의 조건을 제시했으나 수용되지 않아서 이를 거부합니다. 이승만의 독재가 심해지고, 인권이 유린되면서 정구영이 시국 사건을 변호하는 일이 많아집니다.

정구영은 명성이 높아지면서 1957년에 사단법인 한국법학원 초대 원장에 피선됩니다. 1959년에는 서울변호사협회와 대한변호사협회의 회장에 이어 국제변호사협회 이사에도 피선되지요. 그리고 같은 해에 정론지 〈경향신문〉이 정부에 의해 폐간 당하자 이 소송을 맡게 됩니다.

이승만은 영구 집권을 목적으로 1960년 3·15 부정 선거를 자행합니다. 이를 규탄하여 마산에서 학생과 시민들이 궐기를 했지요. 그런데 경찰이 시민과 학생들을 쏴 죽이고, 이들을 공산당으로 몰아갔습니다.

정구영은 대한변호사협회 회장의 자격으로 변호사 8명으로 구성된 마산 사건 진상조사단을 급파합니다. 그리고 진상보고서가 나오자 "이 대통령의 하야와 재선거 실시"를 촉구하는 성명을 발표합니다. 3·15 부정 선거와 4·19 혁명 과정에서 가장 먼저 이승만 대통령의 퇴진을 요구한 것은 정구영이 수장으로 있던 대한변호사협회였지요.

결국 이승만이 대통령에서 쫓겨나고 4월 혁명이 성공합니다. 국회에서 내각제 개헌이 이루어졌지요. 양원제가 채택되면서 정구영은 서울에서 참의원 후보로 나섰다가 실패합니다. 강직한 성품에 정의의 변호사였으나, 정치판에서는 적응이 잘 안 되었지요.

공화당 초대 총재로 영입돼

4월 혁명 후 민주당 정부가 수립되어 1년여가 지난 1961년 5월 16일, 박정희를 중심으로 하는 군인들이 쿠데타를 일으켰지요. 2년여가 지난 후 이들은 자신들의 집권을 위해 민주공화당(공화당)을 창당하면서 정구영을 영입합니다. 그의 명성을 이용하고자 한 것이었어요.

영입 제안을 받은 정구영은 많이 망설였답니다. 나라를 지키지 않고 쿠데타를 일으킨 군인들이 '원대 복귀' 약속을 어기면서 정치에 참여하려는 마당에, 이들을 도와주는 정당에 참여하는 일에 회의를 갖고 있었지요. 그러는 한편 낡은 정치인들의 정계를 개편하여 새로운 정치판을 조성해보겠다는 의욕도 생겼어요.

공화당의 창당 과정에서 쿠데타 세력 간의 알력과 암투가 있었지만, 정구영이 초대 총재로 선출되었어요. 그리고 우여곡절 끝에 1963년 10월 박정희가 윤보선 후보를 15만여 표 차이로 누르고 제5대 대통령에 당선되었습니다. 이 해 11월 실시된 제6대 국회의원 선거에서 정구영은 공화당 비례대표 1번으로 당선되어 국회의원이 됩니다. 68세 때였어요. 그리고 공화당 당의장으로 선임되었어요.

집권당의 대표가 된 정구영은 박정희 대통령을 만나, 전횡을 일삼고 있는 이후락 비서실장을 면직시키라는 조언을 합니다. 이후락이 배석하고 있는 자리에서였어요. "어느 나라 어느 왕조를 보든 환관 정치가 성공한 예가 없다. 당장에는 달콤하고 그럴듯하지만, 지나고 보면 모든 병폐가 거기서 나온다."라고 조언했으나, 박정희는 이를 실행하지 않았지요.

정구영은 당의장직 사표를 제출했으나 받아들여지지 않았습니다. 당장 그만한 인물을 찾기 어려웠기 때문입니다. 당시 공화당 의원들 사이에서는 정구영을 국회의장으로 추대하려는 논의가 있었어요. 하지만 국회를 어용화하고 개헌을 구상하던 박정희는 강직하고 호락호락하지 않은 국회의장을 바라지 않았지요.

대통령에 재선한 박정희는 1967년부터 3선 개헌 공작을 서두릅니다. 정구영은 3선 개헌은 이승만의 전철을 밟는 것이라면서 공개적으로 반대 의견을 제시합니다. 하지만 6·8 부정 선거를 통해 개헌이 가능한 국회의원 수를 확보한 박정희는 개헌을 강행하지요.

3선 개헌·유신 반대의 소신 지켜

정구영은 1969년 9월 미국 〈워싱턴 포스트〉의 셀리 헤리슨 기자와 회견을 통해 "평화적 정권 교체가 가능할 때 민주주의가 발 디딜 수 있는 것이라고 믿기 때문에 3선 개헌에 반대한다."라면서 "이 같은 사태를 이미 3년 전에 예측, 1966년 11월 28일부터 박 대통령에게 여러 차례 경고했다."라고 밝혔습니다.

여당 대표의 이 같은 외신 회견은 집권 세력에 큰 타격을 주었고, 야당과 국민에게는 용기를 주었지요. 하지만 박정희 정권은 끝내 3선 개헌을 강행했습니다.

박정희 정권이 공화당 소속 의원들과 무소속 의원 그리고 야당인 신민당 의원 3명까지 변절시켜가면서 개헌안을 국회에 제안할 때, 정구영에게는 엄청난 협박과 회유가 따랐지요. 청와대 경호실장으로 막강한 권력을 행사하던 차지철과 중앙정보부장 김재규가 차례로 찾아와 '개헌안 서명'과 탈당을 강요했어요.

정구영은 굽히지 않았습니다. 그의 좌우명은 '사필귀정(事必歸正)'이었어요. "일은 반드시 정의로 돌아간다."라는 신념이었지요. 그리고 또 다른 신조는 "위로 하늘을 보고 아래로 땅을 보아도 부끄러움이 없는" 마음을 갖고 실행한다는 것이었지요.

박정희의 권력 욕망이 하늘을 찌르고, 장기 집권이 내다보이는 상황에서 정구영은 압력과 회유를 거부하고, 안일을 넘어서 좌우명과 신념을 지켰어요. 당시 그는 70대 중반이었습니다. 사람이 노령에 이르면 도전이나 저항보다 무사와 안일을 취하기 쉬운데, 그는 아니었지요. 그리고 '탈당 요구'도 거부합니다. 자신이 힘들여 창당한 정당에서 강요에 의해 쫓겨 나가지는 않겠다는 배짱이었지요.

3선 개헌을 강행하여 3선 대통령이 된 박정희는 1972년 10월 17일 느닷없이 계엄령을 선포하고 국회를 해산하면서 유신 체제를 강행합니다. 영구 집권을 위해 5·16 쿠데타에 이어 두 번째로 헌정 질서를 파괴한 것입니다.

박정희 정권은 유신을 반대하는 민주 인사들을 극심하게 탄압하였지요. 이어서 긴급조치를 잇달아 발동하면서 유신 헌법 개정을 주장하거나 반대하면 군사재판에서 10년 이상의 징역을 선고하는 등 폭정을 일삼게 됩니다.

많은 재야인사·종교인·문인·노동자·학생들이 구속되고, 해외에서는 한국의 인권 문제가 국제적인 관심사가 되었어요. 야당 지도자 김대중이 납치되고, 인민혁명당(인혁당) 사건이 조작되어 8명의 사형이 집행되기도 했어요. 또 전국민주청년학생총연맹(민청학련) 사건으로는 수백 명의 학생과 민주 인사들이 구속되었지요.

민주 회복 대열에 참여하다

1974년 1월 7일 정구영은 서울 북아현동 자택에서 공화당 전 사무총장 예춘호와 함께 기자회견을 갖고 공화당 탈당 성명을 발표합니다.

> 나는 진정한 자유민주주의를 구현하고자 민주공화당의 창당에 참여하여 초대 총재가 되었다. 그 뒤 당초의 창당 이념에 위배되는 소위 3선 개헌안이 나왔을 때 나는 이를 반대하였음에도 불구하고 저지하지 못한 채 그대로 당적을 가지고 있었다. 그것은 오로지 최후의 일각까지 창당 정신을 회복하는 데 미력을 다하고자 하는 염원 때문이었다. 그러나 오늘의 사태는 당원으로서 소신을 밝힐 수 있는 최소한의 자유마저 잃은 채 조국의 안위는 백척간두에 서 있다고 하여도 과언이 아니므로 나는 오랜 자책 끝에 드디어 당과 결별하기로 작정하였다.
>
> ……
>
> 당을 떠나며 비통한 심경은 형언키 어려우나 일언이폐지(한마디로 전체를 표현)하며, 민주공화당이 오늘의 현실과 여망을 정확히 파악하여 이를 존중하고 실천하는 국민을 위한 정당이 되어 주기를 바라는 바이다.

정구영이 공화당을 탈당할 때 그의 나이 79세였습니다. 그는 노령에도

박정희의 유신 체제에 반대하여 공화당을 탈당하기로 결심하고 탈당계를 들어 보이는 정구영. 『시대의 양심-정구영 평전』(예춘호 지음, 서울문화사).

용기를 잃지 않았고 '사필귀정'의 좌우명은 조금도 퇴색하지 않았지요. 공화당을 탈당하는 날, 김수환 추기경과 김대중의 요청에 따라 재야 민주 인사들과 뜻을 같이 하는 의사를 밝힙니다.

정구영은 재야 민주 세력의 집합체인 민주회복국민회의(국민회의) 발족에 참여합니다. 국민회의는 정계·종교계·언론계·학계·법조계·여성계 등 각계 인사 71명이 1974년 11월 27일 '민주 회복'을 목표로 결성한 비정치 민간 단체였어요.

국민회의는 윤보선·함석헌·김재준 등이 서명한 「국민 선언」을 통해 ① 현행 헌법을 합리적 절차를 거쳐 민주 헌법으로 대체, ② 복역·구속·연금 중인 민주 인사에 대한 석방과 정치적 권리 회복, ③ 언론 자유 보장, ④ 국민의 최저 생활 보장, ⑤ 민주 체제의 재건 확립을 통한 민족 통일 성취 등을 목표로 내걸었어요.

국민회의는 정구영 등 구 여권의 양심적 인사들까지 참여하면서 더욱 용기와 희망을 갖게 되었습니다. 반면에 박정희 유신 집단에게는 큰 타격을 주게 되었지요. 정구영은 국민회의가 발족되면서 김수환, 김재준, 이희승, 윤보선, 유진오, 백낙준, 정일형, 김홍일 등과 함께 고문단으로 추대됩니다.

정구영과 함께 3선 개헌을 반대하고 공화당을 탈당하여 민주화운동에 참여한 예춘호(정구영추모사업회 회장)는 정구영 평전 『시대의 양심』을 펴내면서 서문에서 이렇게 썼어요.

> 그 뒤로(탈당 후) 북아현동 청람(정구영의 호) 선생 댁은 겉에서 보기엔 휴화산 같은 정적만 감돌았으나, 누옥의 세 평이 채 안 되는 초라한 거실에서는 우국과 애족의 격론이 끊임없이 이어졌습니다. 선생께서는 그 시절 민주회복국민회의에 고문으로서 윤보선 전 대통령, 김수환 추기경, 함석헌 선생 등과 함께 민주화운동의 선두를 지키셨는데, 이것은 제3공화국 탄생의 주역이 유신독재에 저항한다는 상징적인 의미를 띠기도 했습니다.
>
> 선생께서 유신 반대 성명을 발표할 때 기자들에게 남긴 "조그마한 안전을 위해 자유를 희생할 수 있는 국민은 자유도 안전도 얻을 수 없다"는 벤저민 프랭클린의 말은 우리에게 영원한 교훈이자 경종이라고 확신합니다.

민주주의자 김근태

어려웠던 어린 시절

인간의 가치는 그가 품고 있는 희망에 의해 결정됩니다.

희망의 반대말은 절망이 아니라 거짓 희망입니다. 절망한 마음에는 희망의 불씨를 피울 수 있지만, 거짓 희망을 품으면 다시는 희망의 불씨를 피울 수 없습니다.

민주화를 위한 변하지 않는 믿음과 희망이 우리를 여기에 있게 했습니다. 꿈이 있어 여기까지 올 수 있게 되었습니다.

김근태의 '어록'에서 몇 대목을 골랐습니다.

김근태는 1947년 2월 14일 경기도 부천시 소사에서 아버지 김진용과 어머니 이한정의 6남매 중 막내로 태어났어요. 아버지는 초등학교 교장 선생이었고, 어머니는 평범한 가정 주부였답니다.

아버지가 전근을 자주하여 김근태는 초등학교를 네 차례나 옮겨 다녀야 했어요. 경기도 평택군에서는 청북초등학교와 진위초등학교, 경기도 양평군에서는 원덕초등학교와 양수초등학교를 다녔습니다.

김근태의 형들은 부모의 남다른 교육열로 일제 말기 일본으로 유학을 갔다가 해방 후 귀국하여 '민족 문제'에 뛰어들었지요. 이것이 김근태의 성격 형성과 장래 진로에 크게 영향을 미치게 되었지요.

김근태는 1958년 서울대학교 사범대학 부속 중학교와 경복중학교에 지원했다가 떨어지고, 광신중학교에 수석으로 합격합니다. 머리는 우수했으나 잦은 이사와 전학으로 목표했던 중학 진학에는 실패한 것입니다. 그는 광신중학교에서 3년 내내 장학금을 받은 데 이어 경기고등학교에 들어가서도 장학금을 받아 어려운 가정 형편을 돕게 되었어요.

김근태가 광신중학교 3학년 때 5·16 쿠데타가 일어났어요. 쿠데타 세력이 갑자기 세대 교체론을 제기하면서 아버지가 정년을 4년 앞두고 학교에서 쫓겨납니다. 당장 대가족의 생계가 어렵게 되었지요. 형이 가정교사를 해서 번 돈과, 교장 선생이었던 아버지가 동대문시장에서 양말을 받아다가 각 학교로 다니면서 팔아 어렵게 생계를 유지했어요. 어린 그에게 아버지의 모습은 큰 아픔으로 남게 됩니다.

시대가 모범생을 저항아로 만들어

김근태는 어려운 환경에서도 열심히 공부하여 1965년 서울대학교 상과대학에 입학합니다. 당시는 박정희 정권이 굴욕적인 한일 회담을 강행하여 정국은 물론 대학가도 대단히 혼란스러운 시기였어요. 연일 반대 시위로 조용한 날이 없었지요.

그러나 김근태는 시국 문제에 별다른 관심을 보이지 않았답니다. 오히려 학내의 '순수 서클'이라는 기독교 서클에 들어가 활동했지요. 그런데

학생들의 애국적인 반대 시위에 정부가 비상 계엄령을 선포하고 학생 대표들을 구속한 것을 지켜보면서 생각이 바뀌었어요.

박정희는 물리력으로 반대 세력을 제압하고 굴욕 회담을 강행했어요. 1967년 대통령에 재선된 후에는 6·8 부정 선거를 통해 3선 개헌을 준비하는 등 장기 집권을 위해 이승만이 걸었던 길을 걷기 시작합니다.

김근태는 상과대학 학생들을 이끌고 6·8 부정 선거 규탄 집회에 앞장섰어요. 이것이 그의 고난에 찬 민주화운동의 첫걸음이 되었습니다. 지극히 온건하고 학구적이었던 학생이 반독재 민주화의 투사로 바뀌게 한 것은 박정희의 부정 선거와 권력욕 때문이었어요.

김근태는 학생 시위를 주도했다는 혐의로 학교 당국으로부터 제적을 당합니다. 그 뒤 강제 징집되어 군에 끌려가죠. 그가 군에 복무하는 동안 3선 개헌안이 국회에서 날치기로 처리되고, 서울 동대문 평화시장에서 노동자 전태일이 노동 조건의 개선을 요구하며 분신하는 사건이 일어났어요.

이어서 1971년 4월에 실시된 제7대 대통령 선거에서 박정희는 관권과 엄청난 국고를 선거에 동원하고 지역감정을 일으키면서 세 번째로 대통령에 당선됩니다. 군에서 제대하고 복학한 김근태는 대통령 선거의 불법·부정을 규탄하는 학생 시위에 앞장섰습니다. 국민 주권을 찬탈하고 민주주의의 기본인 선거 부정을 용납할 수 없었던 것이지요.

학생 시위가 격화되면서 정부는 1971년 휴교령을 내렸어요. 또 일부 대학에는 무장 군인들이 난입하는 폭거가 자행되었어요. 김근태는 이 해 11월, 마지막 학기를 남겨 놓고 엉뚱하게 '내란 음모' 사건에 연루되어 수배자 신세가 됩니다.

이때부터 김근태는 길고 긴 도망자의 신분이 되었어요. 가명으로 회사에 들어가기도 하고 막노동판에서 일하면서 살아갑니다. 그런 중 1972년 10월, 박정희는 또 느닷없이 계엄령을 선포하고 국회를 해산하면서 유신 체제를 선포했어요. 김근태의 기약 없는 수배자 은신 생활은 계속되었습니다. 이 기간 그는 열기능관리사 등 여러 개의 자격증을 취득하고 인천에서 노동운동을 했어요. 그리고 인천도시산업선교회(도산) 실무 간사로 일하는 인재근을 만나 비밀리에 결혼을 합니다.

김근태는 자신을 쫓는 권력 기관의 촉수가 다소 느슨해지자 1979년 '도산'에서 노동 상담역으로 일하다가 박정희가 암살당하고 긴급조치 제9호가 해제됨으로써 길고 긴 수배 생활이 풀리게 됩니다. 하지만 '해방'의 순간은 잠깐이었습니다. 전두환 일당의 군사 쿠데타가 일어나고 민주화운동가들은 또 다시 고난의 세월을 보내야 했습니다.

혹독한 고문에도 꺾이지 않은 민주 정신

김근태는 동지들을 모아 민주화운동청년연합(민청련)을 결성하고 초대 의장에 선임됐어요. 전두환 정권의 독기가 하늘을 찌르던 1983년의 일입니다.

민청련은 단체의 심벌로 두꺼비를 내세웠어요. 두꺼비는 뱀에게 잡혀먹히면서도 자신의 독성으로 뱀을 죽여, 뱃속의 새끼들이 그 뱀을 자양분으로 삼아 알을 깨고 나오게 한다고 합니다. 민청련이 두꺼비를 심벌로 한 것은 자신을 희생하여 새끼를 살리는 '두꺼비의 정신'으로 민주화를 쟁취하려는 의지의 표현이었어요.

민청련의 창립 선언문은 다음과 같습니다.

> - 민족 통일의 대과업을 성취하기 위하여 참된 민주 정치는 반드시 확립되어야 한다.
> - 평등하고 인간적인 생활을 위한 민주 자립 경제가 이룩되어야 하

며, 부정 부패 특권 경제는 마땅히 청산되어야 한다.

- 역동적이고 건강한 민중의 삶을 위하여 자생적이고 창조적인 문화, 교육 체계가 형성되어야 한다.
- 국제 평화와 민족 생존을 위해 냉전 체제의 해소와 핵전쟁의 방지가 이루어져야 한다.

민청련은 반 유신 투쟁의 학생 운동 정신을 이어받아 전두환 정권을 비판하는 활동을 시작합니다. 어찌 보면 섶을 지고 불속으로 뛰어드는 것과 같은 일이었지만, 누군가는 해야 할 일이었어요. 그 역할을 김근태와 그의 동지들이 맡은 것입니다.

광주에서 시민과 학생들을 무차별 학살하고, 많은 민주 인사들을 이른바 '김대중 내란 음모 사건'을 조작하여 투옥한 전두환 정권입니다. 포악무도함은 집권한 후에도 변하지 않았어요.

전두환 정권은 회보 〈민주화의 길〉을 발행하며 민주화를 요구하는 민청련을 탄압하고 의장인 김근태를 수배했어요. 그의 체포에 혈안이 되었지요. 유신 시대 이래 피신하면서 반독재 투쟁을 지도해온 그였기에 정부는 모든 정보력을 동원하여 붙잡고자 했어요.

김근태는 1985년 9월 4일 경찰에 체포되어 악명 높은 남영동 치안본부 대공분실로 연행되었어요. 그는 9월 26일까지 22일간 혹독한 고문을 당했고, 이 사실을 어렵게 면회 온 부인에게 비밀 쪽지로 전달했어요. 민주 인사 60여 명이 '민주화운동에 대한 고문 수사 및 용공 조작 공동 대책위원회'를 구성하고 성명을 발표합니다.

1986년 김근태는 7월 국가보안법과 집회 및 시위에 관한 법률 위반 혐의로 5년 형을 선고받습니다. 이 과정에서 고문 사실을 폭로하여 법정 투쟁을 벌였으나 사법부는 전두환 정권의 어용 기관이 되어 있었고, 법관들의 자율성이 없었지요.

시위 현장에서 무장경찰에 둘러싸여 연행되는 김근태. ⓒ 경향신문사

긴 옥고 생활이 계속되었고, 김근태는 1987년 수감 중에 부인과 함께 로버트 케네디 인권상을 수상합니다. 그래도 정부는 그를 풀어주지 않았어요. 1987년 6월 항쟁 이후에도 그는 석방되지 못했어요. 전두환 정권은 그만큼 김근태를 자신들의 권력 유지에 위험한 청년 운동의 핵심 인물로 지목하고 있었던 것이지요.

김근태는 1988년 6월, 2년 10개월 만에 석방되었어요. 심한 고문과 장기간의 옥고로 만신창이가 되었지만 민주화에 대한 열정은 조금도 식지 않았습니다. 그는 옥중에서 쓴 『남영동』이란 책을 내어, 경찰의 비인간적 고문실상을 폭로합니다. 이어서 자신과 민주 인사들을 참혹하게 고문한 이근안 경감을 고발했어요.

석방된 김근태는 1989년 12월 전국민족민주운동연합(전민련) 창설에 참여하여 집행위원장에 선임되고, 1990년 5월 민주자유당 반대 시위 및 전민련 결성과 관련하여 다시 구속되었습니다. 독재 정권은 민주화운동을 걸핏하면 국가보안법 위반으로 엮고 공산주의자로 몰았답니다.

정치인으로서 민주·복지 정책을 펼치다

1992년 석방된 김근태는 '민주 대개혁과 민주 정부 수립을 위한 국민회의' 집행위원장, '민주 항쟁 기념 국민 위원회' 공동 집행위원장, '통일 시대 민주주의 국민회의' 공동 집행위원장 등을 맡아 노태우 정권과 치열하게 싸웁니다. 노태우는 전두환과 함께 5·17 쿠데타를 일으켰던 주역으로서, 1989년 야권 분열을 틈타 관권 선거를 통해 집권했지요.

김근태는 정치 운동을 통해 정권 교체를 하는 것이 민주화의 지름길이라는 판단 아래 1995년 9월 김대중이 창당한 새정치국민회의에 입당하여 부총재로 선임됩니다. 그동안 민주화 투쟁의 헌신이 평가된 것이지요. 사면 복권이 된 그는 1996년 서울 도봉 갑구에서 제15대에 이어 제16·17대에 연속 국회의원에 당선됩니다.

김근태의 의정 활동은 모범적이었습니다. 많은 입법 활동에 이어 청렴결백한 공직 생활로 '신사 국회의원'의 모습을 보였지요. 그 사이에 그는 『우리가 사는 이 길은』, 『희망의 근거』 등의 책을 냈어요.

1997년 50년 만의 수평적 정권 교체가 이루어지고, 오랫동안 반독재 투쟁을 벌여온 김대중이 대통령에 당선되어 민주 정부가 수립되었습니다. 김근태는 2000년 집권당인 새천년민주당의 최고위원으로 당선되고 '국민정치연구회'를 창립하여 지도위원으로 선임됩니다. 이 단체를 만든 것은 다시는 우리나라가 독재 국가로 가지 않도록 각 분야에서 연구하고 실천하기 위해서였지요.

2002년 12월 노무현이 제16대 대통령에 당선됩니다. 김근태는 후보 경선에 나섰다가 패배하고도 노무현의 당선을 위해 헌신했어요. 그리고

2003년 10월 열린우리당 원내대표에 선출되었지요. 그는 원내대표로서 정치 개혁과 민생 입법 등에 괄목할 만한 업적을 남겼어요. 이어서 2004년 7월에는 노무현 정부의 보건복지부 장관에 취임하여 오랫동안 꿈꾸었던 국민 보건과 복지 향상을 위한 정책을 펼칩니다.

김근태의 큰 포부는 대통령이 되어서 우리나라의 민주화와 서민과 중산층의 생활 향상, 민주 통일을 이루고자 하는 것이었습니다. 그래서 2006년 열린우리당 최고위원에 이어, 당의장으로 당선되어 정치적 기반을 구축했어요. 하지만 노무현 정부가 추진하는 한미 FTA 협상 결과가 심각한 양극화를 가져올 수 있다며 협상 중단을 요구하고 단식 농성을 하는 등 노무현 정부를 비판합니다.

주위에서 김근태를 제17대 대통령 후보로 천거하였으나 그는 평화개혁 진보세력의 밀알이 되겠다는 신념에서 이를 사양합니다. 그리고 불출마를 선언하고 한양대학교와 우석대학교 등에서 초빙 교수로 한국 정치학을 강의합니다.

김근태는 2011년 12월 30일 운명을 합니다. 65세의 한창 일할 나이였어요. 김근태는 젊은 날의 심한 고문과 오랜 수배 생활 등으로 건강을 해쳐서 뇌정맥혈전증을 앓고 있었어요. 이 병은 보통 전기 고문을 받게 되면 신경계가 교란되어 생긴다고 합니다. 그는 남영동 대공분실에서 몇 차례나 의식을 잃을 정도로 심한 전기 고문을 받았었지요.

김근태가 꿈꾼 사회는 "누구도 소외되지 않는 사회"였어요. 이를 위해 그는 정치 민주화와 경제 민주화에 생애를 바쳤습니다. 그는 불의에는 강하고 약자에는 한없이 따뜻한 사람이었습니다. 그는 이렇게 말했습니다.

> 나는 정직과 진실에 이르는 길을 국민과 함께 가고 싶다. 정직하고 성실한 99퍼센트의 사람들이 무시당하지 않는 사회를 만드는 것이 내가 가야 할 길이라고 믿는다.

김근태는 '인간의 존엄'을 위해 모든 것을 걸고 불의한 집단과 싸웠습니다. 고난에 찬 그의 생애를 상징하는 키워드는 바로 '인간의 존엄'이라는 한마디로 압축됩니다. "인간이 인간답게 사는 사회"였지요.

김근태의 생애는 소용돌이치는 역사의 한복판에서 민중의 아픔, 민주주의의 상처를 자신의 상처로 겪으면서, 반동적 권력과 시대 의식이 없는 도구적 정치인·지식인들과 힘겨운 싸움의 연속이었어요. 그는 두려움 없는 정신과 사심 없는 행동으로 저들과 싸웠고, 그리고 마침내 승리했습니다. 현실적으로는 저들이 승리한 것 같지만, 역사적으로는 김근태가 승리한 것입니다. 많은 국민이 김근태를 '민주주의자'로 부르고, 그의 청결한 생애를 기리는 까닭입니다.

간략한 현대사 연표

1945	8.15	광복
1948	8.15	대한민국 정부수립
1950	6.25	한국전쟁 발발
1953	7.27	정전협정 체결
1954	11.27	'사사오입' 개헌으로 이승만의 3선 제한 규정 폐지
1956	5.15	이승만, 3대 대통령 당선
1960	3.15	3·15 부정선거, 4대 대통령 선거
1960	4.19	4·19 혁명
1960	8.23	장면 정부 수립
1961	5.16	박정희의 5·16 군사 쿠데타
1963	10.15	박정희, 5대 대통령 당선
1964	6.3	한일회담 발표에 반발한 6·3 시위
1967	5.3	박정희, 6대 대통령 당선
1969	9.14	공화당, 3선 개헌안 변칙 통과 처리
1970	11.13	전태일 분신
1971	4.27	박정희, 7대 대통령 당선
1972	10.17	'10월 유신' 선포
1979	10.26	김재규, 박정희 암살
1979	12.12	전두환 신군부의 12·12 쿠데타
1980	5.17	전두환 신군부의 5·17 쿠데타
1980	5.18	광주민주화항쟁
1987	1.14	박종철, 고문을 당하던 중 사망
1987	4.13	전두환, 4·13 호헌조치 발표
1987	6.10	6월 민주항쟁
1987	6.19	노태우의 6·29 선언
1987	7.5	6월 9일 최루탄에 맞은 이한열 사망
1987	12.16	노태우 13대 대통령 당선
1997	4.17	전두환과 노태우, 내란죄 등으로 처벌 확정